ちくま文庫

ゴッチ語録 決定版

GOTCH GO ROCK!

後藤正文

JN166080

筑摩書房

本書をコピー、スキャニング等の方法により無許諾で複製することは、法令に規定された場合を除いて禁止されています。請負業者等の第三者によるデジタル化は一切認められていませんので、ご注意ください。

ゴッチ語録 決定版

GOTCH GO ROCK!

装画　山本直樹

本書は、『ゴッチ語録―GOTCH GO ROCK!―』と『ゴッチ語録A to Z』を合本にし、加筆したものです。

目次

ゴッチ語録—GOTCH GO ROCK!—

ゴッチ語録 A to Z

ゲスト対談

ゴッチ語録

―GOTCH GO ROCK!―

まえがき

生まれて初めて、「まえがき」というものを書いている。世の中には変わった経験をした人がたくさんいるとは思うが、「まえがき」を書いたことがあるというのも、相当、変わった経験だなということを、今、痛い程に実感している。なぜならば、何を書いたらよいのか全くもって見当もつかないからだ。これは困った、どうしようということでいろいろ調べても、まず「まえがき」を書くという行為そのものが特殊なので、「正しい『まえがき』の書き方」とか「できた！　初めてのまえがき」というような、参考になるような書籍もまるで見当たらないというのが現状だ。なので、ここからはイメージで、僕が思うところの「まえがき」らしきものを書いて、「まえがき」童貞を卒業したいと思う。応援よろしく。

「ロックについて、あいうえお順に用語を選んで語る」というスタイルで始まった『ぴあ』での連載は、開始当初は非常に順調だった。基本的に普段の僕の日記更新速度を知っている人はわかると思うが、僕は文章を書くということが比較的というか、かなり好きだ。だから初めのうちは、「楽しいうえに原稿料までもらえて最高だな」と、毎週楽しんで書いていたのだけれど、途中でツアーは始まるし、作詞作曲やレコーディングもあったりして、窮地に立たされる場面もあった。週刊誌での連載は甘いものではなかったのだ。

でも本当に、この連載を通して、僕はいろいろなことを考えた。大好きな音楽のこと、自分のバンドのこと、今までのこと、これからのこと。たわいもないことを書いた回もあったけど、自分がどういうことを考えて音楽をやってきたのか、これからどうやって音楽をやっていくのかを考える、とてもいい機会になったと思う。まずはそれを感謝したい。

音楽っていうのは不思議なもので、形が見えない。コンピューター上の波形や五線譜の上のおたまじゃくしで存在を確認できたりするのかもしれないけど、それによって音楽の実際の「形」があらわになったりはしない。それは目に見える「形」を持たないからだ。でも確実に目の前の空気が振動して、それが波になって鼓膜に届いて、僕らは音を感じる。けれどもそれは、耳に伝わって初めて感じ得ることで、やっぱり見えない。本当に不思議だ。だから音楽は聴き手がもっている想像力や感覚と一緒にならないと、本来の魅力は発揮されない。僕はそう思う。

そういう「形」のない音楽への、ロックンロールという表現への、素直な愛情を文章にしてみた。今よりもっと深く、音楽に興味を持つ人が増えてくれるきっかけになったら嬉しい。

2006年2月

後藤正文

ASIAN KUNG-FU GENERATIONのボーカル&ギター・後藤正文（ゴッチ）が、〝ロック〟をテーマに50音順で綴っていく、さまざまなヒト、モノ、コトたち。題して『ゴッチ語録―GOTCH GO ROCK!―』最後まで、お楽しみください。

■50音語録

あじあんかんふー じぇねれーしょん

ASIAN KUNG-FU GENERATION

「アジカシ」でなく「アジカン」でよろしく

第1回は「あ」というわけで、僕が所属するバンド、アジアン・カンフー・ジェネレーションについて書くことにする。

バンド名を付けた当時は考えもしなかったことだけれど、こういった原稿を書いたり、サインを書いたりする際に、最近はつくづく「バンド名が長げぇな」と自分で思うようになった。デビュー時は初めましての挨拶ということもあって、CDショップに送るサイン色紙400枚すべてにバンド名とショップの店名を書いた。書いても書いても終わらないその作業によって右腕の握力を失いそうになり、「音楽家生命を断

たれるのではないか」という危機感に襲われたものだ。これも一重にバンド名が長いからだ。また、バンド名が長いことが関係してか、ライブ会場や紙面で名前を間違えられることが多い。そのほとんどが「GENERATION」か「KUNG-FU」という単語の綴りの間違いで、「まあ、しょうがないか」という気分になって終わりなのだが、やっとの思いで出演が決まったサマソニのオフィシャルTシャツに「GENARETION」と書かれた時には、そうとう凹んだものだった。思えば、初めて出演した下北沢シェルターでも「コング・フー」になっていたのだから、もっと早くそこに気付けということか。

こんな間違えをされたこともある。楽屋に入るためのバックステージパスに「アジカシ」と書かれていたのだ。カタカナで。しかも、つい最近。※1 エレファントカシマシとゴッチャになっていることが容易に想像できるが、あと一画減らせば正解というところが残念すぎる。恐らく、バイト君はバンド名をフルで書くのは面倒臭かったのだろう。だけども、どこをどう省略したって我々は「アジカシ」にはならんのだよ、バイト君。

この本を手に取った人はもう既にご存じだとは思うが、改めて、せめて名前だけでも覚えて頂きたい。アジアンカンフージェネレーション。中国では亜州的功夫世代。略称で呼ぶ場合は、「アジカシ」でなく「アジカン」でよろしく。

※1エレファントカシマシ　宮本浩次率いるロック・バンド。'88年デビュー。代表曲に「今宵の月のように」「悲しみの果て」など。通称〝エレカシ〟。

ゴッチによる後日談

「連載を持つことは、文章を書くのがそんなに嫌いじゃないんで、できるだろうと思ってたら意外とキツかったですね。締切が早いんで。連載の仕事って責任があって大変だなぁと、勉強になりました。バンド名の間違いは、さすがに今はなくなりましたね。でも、この当時もね、もう間違えられることはないだろうと思ってたころだったんですよ。それなのに〝アジカシ〟って書いてあって、すごいビックリしたんですよね」ゴ

ASIAN KUNG-FU GENERATION
『ソルファ』　キューンレコード　KSCL-737
この連載が始まる直前の'04年10月20日にリリースされた2ndアルバム。「リライト」「ループ&ループ」など4曲のヒット・シングルを収め、それまでの〝轟音泣きメロ一直線〟のイメージをぶち破る多彩な曲調と明確なメッセージで大ブレイクした出世作である。

いーすたんゆーす

eastern youth

願わくは、いつか誰かの……

今回は「い」ということで、僕が敬愛して止まない〝イースタンユース〟というバンドのことを書こうと思う。

僕がイースタンユースを知ったのは、[※1]大学時代のバイト先で友人から、「坊主で眼鏡の人がボーカルの、もの凄く熱いバンドがいる」と聞かされたのがきっかけだった。その後、CDショップでシングル「青すぎる空」を購入してからというもの、日本語のロックはダサいと思い込んでいた僕の、目の前の景色はすっかり変わってしまった。「青すぎる空」。イントロが終わり、吉野さんの声が聴こえたころには、そういう考え

が一瞬にして吹き飛んでしまった。そしてアルバム『旅路ニ季節ガ燃エ落チル』。正直に言ってショックを受けた。文学であり哲学でもあるような綺麗な日本語の歌詞で、かつて聴いていたことのない切実な情熱がそこにあった。明らかに、唯一無二の音が鳴っていた。その後、アルバムを聴いた感動そのままに、渋谷でのワンマン・ライブを観に行き、もちろん、もの凄く感動し、金もないのに水色のTシャツを買って、そのままライブ会場から着て帰ってきたのを覚えている。もう何年も前の出来事で、何回もの洗濯で首のあたりがヨレヨレになってしまったが、今でもその水色のTシャツを大切に着ている。はっきり言って宝物だ。イースタンユースの影響をガッツリ受けて、僕は日本語で歌詞を書くようになった。そして、下北沢や渋谷のライブハウスで演奏するうちに、日本語の歌がダイレクトに届く様を思い知った。そして更に、日本語の魅力に取り憑かれてしまった。余談だけど、初めてメンバー全員が同じCDを買って持っているということが判明したのも、イースタンユースのアルバム『感受性応答セヨ』だった。皆に聴かせようとスタジオに持って行ったら、全員持っていてびっくりした。

願わくは、いつか誰かの、僕にとっての〝イースタンユース〟みたいなバンドになりたい。目の前の景色を塗り替えてしまうような、そんな歌を作りたい。

※1大学時代のバイト先「〝カラオケ・オールスター〟ですね。もうないんですけど。そこの社長さんはすごいお金持ちで〝趣味でやってるんですか?〟っていうような、どう考えても儲からないだろうっていうシステムでしたね(笑)。時給も良かったし。〝伝説のカラオケ店〟(笑)」ゴ

ゴッチによる後日談

「その後もイースタンと交流は、ないんですよね。少し挨拶したことはあるんですけど。ちゃんと話そうと思っても、金縛りになっちゃうと思うんですよね。好き過ぎて、何から話せばいいのかわからない。好きっていうことをアピールしたい訳ではないじゃないですか。そう考えると、何を話したいのかわからなくなるんですよ。いつか一緒にライブができるように頑張りたいですね」ゴ

eastern youth
『旅路ニ季節ガ燃エ落チル』 トイズファクトリー TFCC-88119
80年代後半から活動するエモ・ロックの第一人者が'98年に発表した名作。虚飾を排したリアルな歌詞は純文学のごとく研ぎ澄まされ、頭を丸めた眼光鋭い吉野寿(vo&g)率いる3人の男たちが修行僧のように厳格に音楽に挑む姿勢が圧倒的だ。「青すぎる空」他代表曲多数収録。

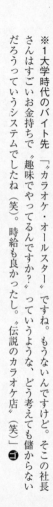

うぃーざー

weezer

ウィーザーの虜になってしまった

3回目の今日は、音楽的に影響を受けている〝ウィーザー〟について。

僕がウィーザーに出会ったのは、大学2年の時、友人にアルバム『ウィーザー』を聴かせてもらったことがきっかけで、青をバックに嬉しいやら困ったやらという顔の冴えない4人組がぼけーっと立っている、明らかにイケていないジャケットが逆に鮮烈だったのを覚えている。

そしてウィーザーに興味を持った僕は、続いてセカンド・アルバム『ピンカートン』を購入。そして、このCDに強烈にハマった。はっきり言って、ウィーザーの虜

になってしまった。とはいえ、このアルバムは前年である1996年の秋リリース。つまり、今から思えばウィーザーが「旬」であったとされる時期に僕は乗り遅れていたのだ。当然、来日公演は見逃した。さらに悲しいことにこの後、ウィーザーはフロントマンであるリヴァース・クオモが大学に復学という理由で活動が休止状態となり、そしてベースのマット・シャープが脱退。つまりこの時点で、オリジナル・メンバーのウィーザーを観る可能性がゼロになってしまったのである。いまだにマットのいたウィーザーを生で観られなかったということが残念で仕方ない。

そんなウィーザーが来日したのは、2000年のこと。当時、「フジロックよりも富士山に近いじゃねえかよ」という会場選択で話題をかっさらった（出演外国人アーティストが「フゥ〜ジ〜」と連呼する度に気まずい空気に）、第1回サマーソニック[※1]。初めて生で観るウィーザーを前に、半泣きで僕はウィーザーの曲を歌った。来日と復活を待ち焦がれた僕と同じ気持ちの人たちが周りにもたくさんいて、本当に感動したのを覚えている。しかし、その時に披露した新曲が、後に出たサード・アルバムに1曲も入っていないことだけが腑に落ちない。気分屋のリヴァースらしいことだけど。

※1第1回サマーソニック　'00年8月開催。東京・大阪で2日間にわたって同時開催される都市型フェスティバル。第1回の東京会場は富士急ハイランドコニファーフォレスト。第2回からは千葉

マリンスタジアム、幕張メッセなどに会場を移した。

ゴッチによる後日談

「去年（'05年）のサマーソニックで、ウィーザーと会いましたね。ギターのブライアンにはCDを渡しました。ドラムのパトリックは、ステージ横で僕らのライブを見てましたね。どう思ったかはわからないんですけど。リヴァースとは少し話したんだけど〝行かなきゃ〜〟って感じですぐにどっか行っちゃった」ゴ

ウィーザー
『ピンカートン』　ユニバーサルインターナショナル　UICY-3129
あまりにも非ロック的で気弱さ丸出しなルックスとは裏腹に、ギター・ロックのツボを押さえまくった痛快なサウンド＆必殺泣きメロという豪速球で時代を射ぬいた4人組。これは'96年リリースの通算2枚目で、歌川広重の浮世絵を使った美しいジャケットが目印だ。

えっくすてぃーしー

XTC

音楽が循環する

4回目は「え」ということで、最近特に聴いているXTC（エックスティーシー）というバンドについて書こうと思う。

このバンドは、喜多君がアジカン結成当時から大好きなバンドで、「本気（マジ）でシャバいから聴いてミソ」と死語を巧みに使ってすすめるので、当時発売になった『シングルズ・コレクション』を買い、それ以来、僕もすっかりファンになってしまった。そして最近、『BBC RADIO 1 LIVE IN CONCERT』というライブ盤を入手し、そしてそれがまた素晴らしく、リマスター音源などを買い漁って、かなりヘヴィーロ

え
アンディパートリッジって
この人だったっけ。

ーテーションで聴いている。

そう言えば、喜多君がＸＴＣと出会ったのは、布袋寅泰さんがラジオで紹介したのがきっかけだったらしい。ＢＯØＷＹからの布袋さんファンであった喜多君は、そこで紹介されたＸＴＣを好きになり、今では自分がラジオで曲を選んで放送できる時などにＸＴＣを流していたりする。僕はこういった「音楽が循環する様」を目の当たりにして、なんだかとても感動してしまった。きっと喜多君が紹介したことによって、布袋さん程の影響力はないにしても、ＸＴＣと出会う人がラジオの向こうにいるということは本当に素晴らしいことだと思う。

そんなＸＴＣはフロントマンのアンディ・パートリッジの体調が理由で、現在はライブ活動を行っていない。何年か前に来日し、確か新宿のタワーレコードで握手会を行ったのを覚えている。喜多君はどこからかその情報を聞きつけ、整理券もないのに新宿に出かけていった。残念ながら、握手はできず。最近は便利なもので、アマゾンなどの通販ウェブサイトでＣＤを買うことができ、僕もかなり活用している。ただ、ＸＴＣの音源を買う時には、「ＸＴＣ 川原洋子」という作品も一緒に表示され、よく見ないと「川原洋子」のイメージビデオであることに気付かないので注意してほしい。「ＸＴＣのビデオ！　レア！」と思って買わないように。

ゴッチによる後日談

「音楽を循環させられる立場になったことは、嬉しいですね。すごく幸せなことだなぁと思います。循環してるのを見るのは面白いというか、感慨深いですよね。ちなみに今、ＸＴＣのビデオを検索すると〝川原洋子〟以外も？　出てくるんで要注意ですね」ゴ

XTC
『BBC RADIO1 LIVE IN CONCERT』※輸入盤
イギリス人でしかありえない、クラシカルな美しいメロディと凝りまくったポップ・センスとが共存する魔法のようなＸＴＣの世界。'92年リリースのこの作品は、おそらくもう二度とライブをやらないであろう彼らにとって非常に貴重な'80年のライブ録音である。

おくだたみお

奥田民生

熱狂的に憧れる存在

中学生の時に好きだったものは、一生涯にわたって好きであり続けるのではないかと勝手に思っている。音楽や映画などに能動的に触れはじめるのは、大抵の場合、中学生のあたりだと思う。その頃は、良くも悪くも深いことを考えないで好きになったりするので、結果として、説明はつかないが根本的に「好き」なものを選んでしまう確率が高いように思う。

僕が中学生の時に大好きだったバンドはユニコーンだ。とりわけ、フロントマンの奥田民生さんには熱狂的に憧れた。どのくらい熱狂的だったかと言うと、[※1]『奥田民生

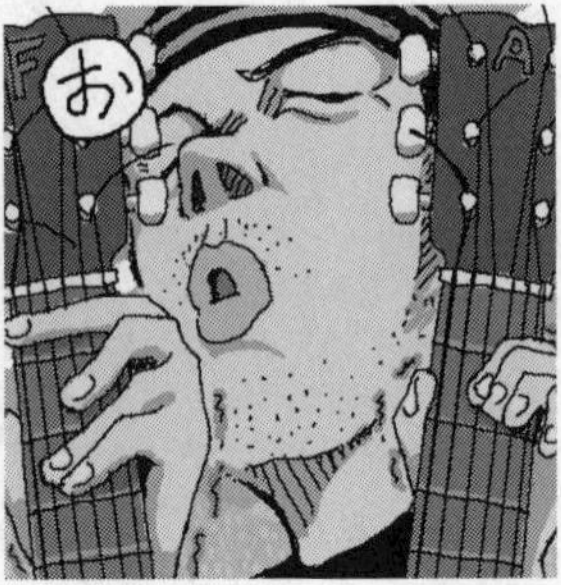

ショウ』という本を予約して、予約特典の民生ブロマイドを手に入れムフフと不気味な笑いを浮かべる程であった。

もちろん、音楽やバンド、さらにギターを弾くという行為そのものにも憧れたので、親父が所有するモーリスのアコースティック・ギターを借りて、とりあえず「ごっつええ感じ」[※2]でも演奏されていた「風」という曲に挑戦してみるに至った。アコースティック・ギターは弦が太く、ネックが軽く反って弦高が高くなっていたので、押さえる指には弦の形同様ギザギザした痕がつき、こりゃたまらんなというぐらい指が痛かったのを覚えている。よく聞く話で「Fのコードで指が届かなくて……」とかいう前に、Aとかそういった簡単なコードで僕は挫折した。バンドマンは無理だなと本当に思った。そんな僕が今では人前でバンドをやるのだから不思議なものだ。

先日、民生[※3]さんと対談する機会があった。はっきり言って、口から心臓が飛び出すわけないじゃんと日頃から思っているタチだが、その表現があながち間違いではないなと思うほど緊張し、感激した。そして勢いあまってバッグから『奥田民生ショウ』を取り出し、サインをねだるというファン丸出しの行動をとってしまった。やっぱり、僕は民生さんを中学生の時の気持ちのまま、さらに大人になってからの音楽的憧れも加わって、一生好きなんだなと強く思った。

※1『奥田民生ショウ』'92年にソニー・マガジンズより発行された単行本。インタビューや100問100答、地元広島の名所案内など多彩かつマニアックな内容。'05年には続編『奥田民生ショウ2』が発売された。
※2「ごっつえぇ感じ」「ダウンタウンのごっつええ感じ」。'91年12月〜'97年11月、フジテレビ系列にて毎週日曜20時に放送されていた高視聴率バラエティ番組。
※3民生さんと対談する機会　ロッキング・オン社より発行されている雑誌『BRIDGE』'04年4月発売号にて実現。

ゴッチによる後日談

「民生さんとはその後フェスで一緒になったりしたら挨拶に行きますね。ライブを観たあとに〝あの機材は何を使ってるんですか？〟とか訊くと、だいたい面白いことを言ってくれるんで、ゲラゲラ笑ったりしてます」ゴ

奥田民生
『29』SME Records　SRCL-3134
UNICORN解散後の奥田民生が、タイトル通り29歳だった'95年にリリースしたソロ・デビュー・アルバム。構えて聴くと拍子抜けするほど素朴な無添加ロック・アルバムで、リリース当時から完全に時代を超えていたのがわかる。2大ヒット「愛のために」「息子」収録。

かーとこばーん

Kurt Cobain

折角なので、カズについても

今回は実を言うと、何について書こうか非常に悩んだ。というのも、「まあ、大丈夫だろう」と安易な気持ちで引き受けたこの連載、『ぴあ』が週刊ということもあって締め切りまでの期間が意外に短い。「何について書こうかな」とかのんびり考えていたら、「原稿まだですか」的なメールがマネージャーから送られてくるので、毎回焦って書いている。

今回は「か」ということで、毎度のごとく何かないかと考えてみたのだけど、僕の頭の中からはカート・コバーンとカズこと三浦知良《かずよし》選手しか出てこなくて困っている。

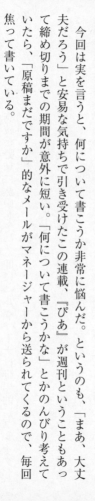

「だったらカート・コバーンで書けば良いじゃないか」と思っている読者が多いことはわかっている。しかし、正直言って僕はあまりニルヴァーナについて詳しくない。というか、中学・高校と野球に熱中している間にニルヴァーナは世界的にブレイクし、そしてカートは亡くなってしまった。その何ひとつもリアルタイムで体験できていないし、そのことを知ったのも1995年のことだ。だからその当時、リアルタイムでニルヴァーナの活躍を体験したり、実際生で観たという人を羨ましく思う。そう言えば高校生の時、「グランジ[※1]っぽいファッションですね」とか言われたことがあったが、その時は全く意味がわからなかった。何となく褒め言葉なんだろうと思っていたら、別にそういう訳ではないことが今となってはよくわかる。

折角なので、カズについても書こうと思う。単刀直入に言って、僕はカズが好きだ。ドーハの悲劇、そしてフランスワールドカップ出場選手からの落選、カズはサッカー選手として華やかな活躍をしながらも、土壇場で苦汁を嘗めるという経験を誰もが知りうる範囲でふたつもしている。それでも尚、カズはJリーグの第一線で活躍している。

サッカーと音楽の違いこそあれ、日本サッカー史にその名を刻む名選手の活躍を、そしてカズダンス[※2]をリアルタイムで観られたことが、そのうち自慢になる日が絶対にやってくる。

※1グランジ　90年代初頭に現われたニルヴァーナおよび、その周辺バンドの音楽性を総称するジャンル用語。同時に、カート・コバーンの服装がストリート化し、ファッションを指す言葉としても使われた。Tシャツ+ネルシャツが一般的なグランジ・ファッション。英語表記は〝grunge〟。薄汚いなどの意のスラング。

※2カズダンス　三浦知良選手が試合中、ゴールを決めた際に見せるパフォーマンス。

ゴッチによる後日談

「ニルヴァーナは音楽的には好きです。でも、すごいファンの人たちみたいに、崇拝するぐらいではないのですが。グランジの絶望感みたいなものって都会的な発想だと思うんですよね。なので、僕の原風景のなかにはない。茶畑の真ん中で聴いても……なかなかリアリティがねぇ（笑）」ゴ

ニルヴァーナ
『MTVアンプラグド・イン・ニューヨーク』
ユニバーサルインターナショナル　UICY-2421
'94年4月のカート・コバーンの死から半年後にリリースされた、MTV企画によるスタジオ・ライブ盤。爆裂ギターと絶叫がトレードマークのニルヴァーナだが、これはアンプラグドゆえ、豊潤なメロディと繊細な感受性の輝きをしっかり体感できる。痛いほど美しい。

きっす

KISS

ロックと言えばギターが命

ロックと言えばギターが命だと勝手に思っている。ギターレスでも格好良いロック・バンドは確かにいるが、冴えない少年、もしくはチンピラまであと一歩というような輩《やから》がある日ロックに目覚めて、ろくに弾けもしないギターを片手に世界を揺るがすようなバンドになるという話そのものに僕は感情移入するし、自分の現状などを重ねて奮い立ったりもする。世の中にはロック以外にも素晴らしい音楽が存在するが、ロックの場合、手にした楽器がギターだからこそ格好良い話になるのだと僕は思っている。

ギターは、若者特有の焦燥感や理由のない不安とやり場のない怒り、そういうものを乗せて掻き鳴らすにはもってこいの楽器だし、奥が深い楽器ではあるけれど、鍵盤の類に比べたら圧倒的にとっつきやすい。僕らの世代の場合、父親がアコースティック・ギターを所持している確率がかなり高いというのも、「なんか弾ける気がする」という思い込みを増長させ、ギターのとっつきやすさに貢献している気がする。あとは単純に形が格好良い。僕は最近まで、ギターは形が格好良いということが最も重要だと思っていた。この考えのヤバいところは「最も」がついてしまっているところで、この部分については完全に思い直すという結果に至ったが、今でもギターは形が重要だと思っている。そういう考えのもと僕がずっと愛用していたのは、ギブソンのマローダーというギターだ。フライングVのネックと寄せ集めのパーツ、知り合いに「ギブソン社が血迷って作ったギター」と言われるギターではあるが、とにかく形が恐ろしく格好良いのだ。[※1]

しかしこのマローダー、KISSのライブにて燃やされるギターとしても有名で、つまりKISSがライブをやる度に一本ずつこの世から消えている、言わば絶滅危惧種的なギターなのだ。この事実を知ってかなり微妙な気分になった。KISSファンには申し訳ないが、あまりに大掛かりなツアーは控えてほしいと個人的に思う。

※1ギブソンのマローダー　ギブソン社から'75年に発売されたギター。製造されていた期間が約5年と短命のため、現在は入手困難。

ゴッチによる後日談

「マローダーはもうライブ本番ではほとんど使ってなくて、今はレスポールJr.、レスポール・スペシャルっていうのを使ってます。マローダーはプロモーション・ビデオ（PV）用になってますね。「君の街まで」のPVでは使ってないんですけど。あれも本当はマローダーでやりたかったんだけど、撮影現場に届いてなくて。スーパーローディー・ヒロシってヤツがいたんですけど、ライブで使ってるギターを持って行けばいいだろうって思っちゃったみたいで。仕方ねぇな、っていう（笑）」ゴ

KISS
『地獄の宝石 ～ヴェリー・ベスト・オブ・KISS』
ユニバーサルインターナショナル UICY-1245
カッコいいのか笑っていいのか微妙な悪魔メイクと、シンプルでメロディアスなアメリカン・ハードロックの手本とも言うべき楽曲とのギャップがたまらない。「デトロイト・ロック・シティ」「ロックンロール・オールナイト」など大ヒット満載のオールタイム・ベスト。

くいーん

QUEEN

想像と現実のギャップ

やっている音楽と見た目、良い意味でも悪い意味でもポップ・ミュージックには大切な要素だと思っている。期待通りのルックスの人たちもいれば、それを逆手に取る人もいる。よく「見た目なんかはどうでも良いから音楽を」とか言うけれど、そういう発言も含めての「見た目」もしくは「見せ方」というのはロック・バンドの大切な要素のひとつなのだ。つまり、明らかにイケていないことはわかっているが、こんな僕でも見た目には気を使っている。「え？　それで？」と思う人もいるだろうが、僕の場合は必要以上に着飾らないというのがロックをやる時の正装だったりする。こういう話を踏まえ、最もやっている音楽と見た目のギャップが激しかったロック・バンドは何かと考えていたところ、真っ先にクイーンが思い浮かんでしまった。クイーンというかむしろフレディ・マーキュリーだが。

　クイーンのロックは僕が言うのも何だけれど、非常にプログレッシブで繊細かつ壮大、「そこまでやるか」という完璧主義の産物だと思う。中学の時に友達からCDを借りて初めてクイーンを聴いたのを覚えているが、当時は、「女の人みたいな長髪の綺麗な人たちだろう」と思ったものだった。ロックなのに女性的な細やかさを感じたのだと思う。

　しかし何年か経ち、自発的にロックを聴くようになって、クイーンのライブ写真を見ることになったのだが、見るなりひっくり返ってしまった。ピッチピチのモッコリ・レオタードの衣装、髪型はオールバックで口元に髭の怪しいオッサンが歌っていたのだ。はっきり言って、この時に感じた以上の想像と現実のギャップを僕は感じたことがない。大学時代に、「華原朋美似」と言って友人に紹介された女性が「いとうまい子似」だった時も、この時ほどの衝撃は受けなかった。そんなフレディ・マーキュリーの豪快な伝説は、[※1]大森庸雄さんの著書『ロック豪快伝説』にてチェックしてみて欲しい。さらにひっくり返るので。

※1大森庸雄さんの著書『ロック豪快伝説』'04年、文藝春秋社より発行。フレディ・マーキュリーをはじめ、キース・リチャーズ、エアロスミスらの驚くべき逸話が多数紹介されている。

ゴッチによる後日談

「いい意味でも悪い意味でも、ありますよね、やっている音楽と実際の見た目のギャップって」ゴ

クイーン
『グレイテスト・ヒッツ』東芝EMI　TOCP-65861
ハードロックにクラシックやオペラを持ち込み、気の遠くなるような多重録音でロックを芸術にまで高めた偉大なバンド。奇跡の名曲「ボヘミアン・ラプソディ」をはじめ、今も永遠の輝きを放つ初期ヒット曲を詰め込んだ'81年リリースのベスト盤。

けいおんがくけんきゅうぶ

軽音楽研究部

宝物みたいな大切な時間

何を隠そう、僕は大学に入って初めてバンドを組んだ「大学デビュー」組だ。前にも少し書いたが、自分自身がギターを演奏できるわけがないと思っていたし、ある種、楽器は選ばれた奴だけが演奏できるものだとも思っていた。

そんな僕がギターを手にする。腐るほどある無意味な時間と自問自答、人生を変える何枚かのレコード。動機づけとしては完璧すぎる三種の神器。弾けるか弾けないかは考えなかった。というより弾けようが弾けまいがどちらでも良かった。とはいえ、バンドを組むにはメンバーが必要ということで、僕は大学の軽音楽研究部の門を叩いた。そして、その日に出会ったのがギターの喜多君であり、ふたりでアジカンをその日に結成した。僕も喜多君もバンドをやったことがないけど「やりたくてやりたくて仕方ない」状態、つまりバンド童貞だったので話が早かった。バンド童貞はおろか、ふたりともギターすらろくに弾けなかった。

その後、素人は素人なりに努力を重ね、軽音楽研究部には当時から腐るほどいる演奏が凄く上手い人たちにいろいろ指導してもらったり、兄貴分の先輩に「ロックとは何か」という説法を食らったり、伸びたり縮んだりしながらも大学生活を「軽音楽研究部」中心に過ごした。もちろん、ベースの山ちゃんもドラムの潔もこの部活のメンバーだ。部活では、メンバーそれぞれアジカン以外にもいろいろなコピー・バンドを組み、それぞれ楽器の演奏力を上げるべく活動していた。中でも僕以外のアジカン3人と友人で「カルーアミルク」というダサい名前のバンドが結成されたのだが、サード・アイ・ブラインドの「セミ・チャームド・ライフ」という曲のラップ部分を歌う喜多君は最高に笑えた。罰ゲームか何かと思うほどの面白さだった。だけど、こんな笑える活動も潔加入のきっかけになっている。今でも軽音楽研究部の先輩や後輩に会うけれど、宝物みたいな大切な時間を過ごした仲間がいるということを嬉しく思う。

※1サード・アイ・ブラインド　'97年にアルバム『サード・アイ・ブラインド』でデビューしたサ

ンフランシスコ出身のロック・バンド。

ゴッチによる後日談

「僕はあまりバンドでコピーはやってなかったけど、ペンパルズとか、ミッシェル・ガン・エレファント、レディオヘッドはやったかな。あとは、アコースティックでひとりで、オアシスのカバーとか。学祭があるからって誘われてやるんですけど、断ったりもしてましたね。やっぱりコピーじゃなくてアジカンがやりたかったから。ちなみに、潔がLUNA SEAのコピーをしてて。しかも、そのバンド名がバック・ドロップ・ボムっていう（笑）」ゴ

サード・アイ・ブラインド

『サード・アイ・ブラインド』ワーナーミュージック・ジャパン　AMCY-2163

明るく良質なアメリカン・ロックのエッセンスを受け継ぐバンド・サウンドと、哀愁を帯びたキャッチーなメロディが耳について離れない。が、歌詞はかなりダークで内省的なところがミソ。大ヒット「セミ・チャームド・ライフ」を収録した'97年リリースの1st。

これくしょん

COLLECTION

俺が愛したロック遍歴

　所持しているＣＤがラックに入りきらなくなったので、かなりの枚数が入る新品のラックを通販で購入した。これは何が原因かというと、もうただ単にＣＤの買い過ぎと貰い過ぎに尽きる。欲しいＣＤは洋楽邦楽問わずに山ほどあるので、月に少なくても5枚はアルバムを購入し、「マザーミュージック」[※1]というラジオ番組に行くと、少なくとも1回の放送につき1枚はＣＤを頂いて帰ってきている。つまり毎月10枚以上のペースで所持するＣＤが増えているということだ。

　もうこれは、ほとんど趣味としてのコレクションという領域に向かっている気がしてならない。なぜならば、正直言って今持っているCDを全部聴き返すには時間が足らない。600枚は軽くあるとして、1枚のCDはどんなに短く見積もっても30分。30分が600枚ということは3000時間で、125日分に相当する。聴かないというよりは聴けないのだが、すでに「ただ持っている」だけと化したものが多いこの現状を、コレクションと呼ばずして何と呼ぶという感じだ。

そんな中でもひどいCDがこれだ。『THE STORY AND THE GLORY』というオアシスのインタビューが和訳も何もなしで延々37分43秒にわたって収録されていると※2いう代物だ。もちろん、何を言っているのかサッパリわからないし、買った理由もさっぱり思い出せない。当時大好きでシングルもすべて購入していたオアシスへの愛情表現の成せる業ではあるが、いくらなんでもインタビューCDはいらねえだろうと、昔の自分に会えるのならばそう言ってやりたい気持ちでいっぱいだ。僕のCDラックには、確かによくわからないCDやジャケ買いにおもいっきり失敗したCDなどが沢山入っている。前述のようにもう聴かないものもある。でも、聴かないからと言って中古屋に売ることはできない。薄汚れたケースには、冴えないあの日の思い出と「俺が愛したロック遍歴」がゴッチャになって入っているからだ。

※1「マザーミュージック」TOKYO FMよりオンエアされていたラジオ番組「MOTHER

MUSIC RECORDS」。各曜日ごとに担当アーティストが異なり、アジカンは毎週水曜日23時からの1時間を担当。「ゴッチ語録」のコーナーもあり、連載で紹介したCDから1曲オンエアしていた。'05年9月まで、約1年半続いた。
※2オアシス　'91年に結成されたイギリス・マンチェスター出身の世界的ロック・バンド。「の」「り」の回を参照。

ゴッチによる後日談

「今も月に10枚くらいは買うんで、収納できなくなってますね。買ったものの、聴くのが追いつかないいんですよね。多分1000枚は超えてると思うんですけど、あまり考えたくないですね」ゴ

オアシス
『THE STORY AND THE GLORY』※輸入盤
「デフィニトリー・メイビー」と「モーニング・グローリー」のシングルBOXにオマケでインタビューCDがついていたらしいが、同じものかは不明。インタビューCDは輸入もので時折発見できるので、ヒアリングに自信があれば挑戦してはいかが。

さにーでいさーびす

サニーデイ・サービス

激しい曲をやればロックか？

サニーデイ・サービス[※1]のアルバムは全部持っている。そう言うと意外なリアクションをされることが多い。思えば『東京』というアルバムで存在を知り、『愛と笑いの夜』や『サニーデイ・サービス』というアルバムを発売した時には徹底的にハマって、川崎のクラブチッタにアジカンのメンバーである喜多君と山ちゃんと3人でライブを観に行ったこともあった。その夜、ロンロンクルー[※2]の新井氏をゲストに迎えたサニーデイ・サービスは「これでもかこれでもか」と言わんばかりに3時間近くライブをやり倒し、最後のころは正直言って、曽我部さん、もう勘弁してください。アナタの着

ているビートルズTシャツも、もうヨレヨレじゃないですか、と言いたくなるほどヘトヘトになったのを憶えている。

アジカンのメンバーにサニーデイ・サービスを教えたのは僕だ。バンドがかたちになっていく前の当時は、自分が気に入った音楽をバンドのメンバーと共有したくて仕方なかった。良いと思ったものは手当たり次第に山ちゃんと喜多君に教えた。その中のひとつがサニーデイ・サービスだった。そう言えば、僕と山ちゃんと喜多君と大学の先輩ふたりでサニーデイのコピー・バンドをやったことがある。当時、そんなコピー・バンドを喜多君と山ちゃんが始めるとは知らず、後から加入させてもらうことになったのだが、やれそうなパートが全く残っておらず、熱意のみを買われてドラムで参加するという事態になってしまった。もちろん、ドラムなど叩いたことがなかったので、周りのドラマーに叩き方を教わりながら頑張ったのだが、部活のイベント当日はきっちり皆の足を引っ張ったのは言うまでもない。自分が好きでセットリストに加えてもらった「旅の手帖」が特に酷かった。

激しい曲をやればロックかというとそうではない。日常にある消えてしまいそうな気持ちや情熱をサニーデイ・サービスはやさしく包んでくれる。今年の夏に高松で聴いた「青春狂走曲」は泣けた。

※1サニーデイ・サービス　曽我部恵一、田中貴、丸山晴茂の3人で結成され、'95年アルバム『若者たち』でデビュー。'00年12月、惜しまれつつも解散。'08年に再結成。

※2ロンロンクルー　新井仁、角田亮次、浦敦からなるバンド。新井仁はソロや、ノーザンブライトなどでも活躍中。

ゴッチによる後日談

「曽我部さんをすごく尊敬してますね。あ、この間ね、下北沢で撮影してたらですね、曽我部さんが自転車で疾走していきましたね。気付かなかったよ、俺（笑）。カメラマンの方に「曽我部さんだよ！」って言われて「アッ！」みたいな（笑）。実際にお会いして話をした時は、その場にビールとバーボンしかなくて「バーボンだよね？　バーボンだよね？」って、しきりにハードリカーをすすめられましたね（笑）。すごく楽しそうで、それが印象的でしたね」ゴ

サニーデイ・サービス
『東京』ミディ　MDCL-1303
はっぴいえんどをはじめとする70年代日本語ロック&フォークのみずみずしさを、渋谷系を通過した90年代の感性で甦らせた確信犯的名作。「恋におちたら」「青春狂走曲」などの代表曲を収め、抒情あふれる歌詞とメロディが冴えわたる'96年リリースの通算2枚目。

しがれっつあんど　あるこーる

Cigarettes and Alcohol

完全なる禁煙に成功

酒と煙草とロックンロールとか言うとなんか格好良いと思ってしまう。精神年齢が明らかに高校生の時から進んでいないのが原因なのかもしれないが、ここ1年、そんな僕が完全なる禁煙に成功した。1年前はヘヴィースモーカーだったのにもかかわらず、今では煙草の煙の匂いを嗅いだだけで嫌な気分になってくるから人間の身体というのは不思議で仕方ない。

世のクソガキが親に隠れて煙草を吸い始めるのと、ロックを聴いたりギターを買ったりする理由は結構似ていると僕は思っている。「自分は人と違うんだ」もしくは

「俺は俺だ」といった学校という社会の縮図の中でのちっぽけな存在証明に少しの反抗心、共犯者と腐るほどの暇。「大人になりたい」という背伸びに煙草はうってつけなのだ。

そんなことはさておき、この本を読んでいる人々に声を大にして言いたい。煙草はやめたほうが良い。百害あって一利なしとは言い過ぎかもしれないが、少なくとも「利」はないだろう。「煙草を吸うと落ち着くしストレスが減るんだよ」みたいなことを言う人が僕の周りに沢山いるが、それは明らかに錯覚かニコチン中毒者がニコチン摂取時に安堵感を覚えているだけの話だろうと僕は思う。

しかしながら最近、困っていることがひとつある。僕が煙草をやめたことによって禁煙になった楽屋に、他のメンバーが寄り付かなくなってしまったのである。つまり、アジカンのライブ前の楽屋が1対3にわかれてしまったのだ。なんだこれは。会場整理のバイト君たちに「ゴッチはひとりで楽屋を使ってるね。きっと暴君なんだよ」とか、「見るからに気難しそうだもんね」と噂をたてられているに違いない。もしくは「アジカンはゴッチとメンバーの仲が悪いんだよ。だって楽屋が別だもの」と。断言しておくが、我々は仲が悪いわけではないし、別に僕が「楽屋は個室で」と中田英寿バリの要求をスタッフにしたわけではない。煙たい顔をしていたらみんな出て行ってしまったのよ。涙。

ゴッチによる後日談

「完全に煙草はやめました。頭のなかから完全に煙草の存在が消えましたね。音楽的な面で、やっぱり喉が辛いから絶対吸わないほうがいいと思って。そうしたら不思議とやめられました。まるでやめることが決まってたみたいにやめられましたね。1週間経ったらすっかり忘れちゃって、微塵も吸いたいとも思わないです。楽屋は……俺がこういうこと書くからかもしれないけど、みんな外に行って吸ってたりとか、優しいなぁと思って。お酒は、酒をやめたら僕ね、本当に出家するしかなくなりそうなんで（笑）。やっぱり健康のために必要ですね、ストレスをなくすために。お酒はやめる気ないですね。やっぱなー、美味しいもんなー。でも、量には気をつけるようにしてて、ベロンベロンになるのは年に1回までにしてます」ゴ

オアシス
「Cigarettes & Alcohol」　※輸入盤

1stアルバム『デフィニトリー・メイビー』に収録され、'94年10月にリカットされた通算4枚目のシングル。T.レックスばりの強力なブギ・ロック・ギターが炸裂する曲で、世の中に熱く不満をぶちまけつつも「結局俺にはタバコとアルコールだけ」という歌詞が泣ける。

すとーんろーぜず

THE STONE ROSES

ギブ・ミー、格好良さ

僕が最も敬愛して止まないバンドのひとつにストーン・ローゼズというバンドがある。オアシスなどのイギリス・ロック・シーンにも多大な影響を与えたマンチェスター出身のバンドだ。毎回このコーナーを読んでくれている人は「またかよ」とツッコミを入れたくなるだろうが、例に漏れずリアルタイムで目撃するチャンスを逃している。僕がローゼズを知ったころ、彼らは日本武道館公演をメンバーの骨折を原因にキャンセルし、そしてドラムのレニはそのまま脱退。ギタリストでソングライターのジョン・スクワイアが次いで脱退した時にローゼズは完全に終わったと僕は思っている。

そんなローゼズの解散ライブになった野外フェスのビデオを、友人であるテルスター[※1]の増沢君に見せてもらったことがある。会場はローゼズの名曲「アイ・アム・ザ・レザレクション」でおおいに盛り上がり、いよいよラストの大サビというところで事件は起きた。いつものように自信満々に歌い上げるイアン・ブラウンの歌が、全くと言っていいほどバックの演奏と音程が合っていないのだ。この時のイアン・ブラウンは正直言って、音痴という領域を遥かに凌駕している。なにしろ本人に外しているという自覚がないのはおろか、1音たりとも正解に近い音に近づこうともせず、数分にわたってドンピシャで気持ち悪い音しか鳴らしていないのだ。増沢君のトークイベント[※2]に集まった観客数十名と共にひっくり返ってしまったのを憶えている。

こういう事件は非常に稀ではあるけれど、僕が言うのも何だが、イアン・ブラウンは僕が知りうるボーカリストの中でも最も歌が下手な部類に入る人だ。しかし、同時に最も格好良いボーカリストのひとりでもある。できることなら歌は上手いに越したことはない。だけども格好良さだけは練習しても絶対に手に入らない。そういうものを持っているからこそ、僕はイアン・ブラウンに憧れている。ギブ・ミー、格好良さ。

※1テルスターの増沢君　'97年に結成されたバンド、テルスターのキーボード&コーラス担当。
※2増沢君のトークイベント　ロフト・プラス・ワンにて開催された。

ゴッチによる後日談

「イアン・ブラウン、去年（'05年）のサマーソニックに来てましたね。僕らとは日程が別だったんで観れなかったんですけど、いつだったか来日した時に観にいきましたね。カッコよかったですね。その時は、そんなに音程を外してるイメージはなかったなぁ。やっぱり、ビデオとかでね、記録として残ってるものを見るとね、本当に音程外してるんですよね。誰か早く、イアン・ブラウンにイヤー・モニター（※ライブ時に耳に装着するイヤホンのようなもの。実際に出ている各楽器の音やボーカルを聴くことができる）を勧めてあげてほしいですね」ゴ

ザ・ストーン・ローゼズ
『THE STONE ROSES』BMG JAPAN　ZJCI-13002
80年代末にイギリスのマンチェスターで発火した、ダンス＋ロック・ムーブメントが生んだ最大のヒーローによる1stアルバム。'89年作品。信じられないほど美しいメロディと驚異の演奏力、下手すぎるボーカルという三拍子揃った永遠の名盤である。全曲が名曲。

せがから
SEGAKARA

セガと言えば

困ったなと思っている。何故ならば「せ」のお題が全くもって思いつかないからだ。先週あたりからいろいろ考えて、「やっぱりここは一発『セックス・ピストルズ』あたりを取り上げて……」などと考えたりもした。だが、正直に言ってセックス・ピストルズに強烈にハマった記憶がない。高校の時に友人に借りて、へえとしか思わなかった僕がそのお題で語っても、パンク・ファンに「お前は全然わかっていない」と言われてしまうだろう。

ということで、今回は強引にセガの話をしたいと思う。皆さんの場合、セガと言えばサターンかドリームキャストと、ゲーム機の名前がすぐに浮かんでくると思う。しかし僕の場合は違う。真っ先にセガカラを思い出してしまう。発売時の「♪セガっからセガカラ」と身も蓋もないダジャレソングをCMで歌う遠藤久美子が忘れられない。何故にセガカラのことを話すのかというと、大学時代、僕とベースの山ちゃんがカラオケ店で働いていたからだ。ふたりとも深夜の遅番担当で、1次会が終わっても朝まで騒ぎたい人たちや仕事帰りの水商売の方々を中心に接客を行い、深夜ということでそれなりのトラブル（食い逃げや酔っぱらいのケンカなど）に恐れおののきながらも、[※1]高い時給が目的で2年くらいそのバイトをやっていた。

そんな当時、セガは大ヒットしていた[※2]「電波少年」とタイアップして、何を思ったか電波少年ゲームというソフトを作り、セガカラに導入したのだ。これにより来店時に「セガカラで」と言う若いグループのお客さんが増え、セガカラ勢いあるなという感じだった。だが、正直言って我々アルバイト従業員は迷惑していた。なぜならば、この店ではセガカラが最上階にあり、閉店時の片付けがもの凄く面倒臭くなるからだった。別にセガカラには全く罪はない。ただ最上階にあっただけの話だ。だが僕は掃除が面倒臭くて「セガカラ満室です」と何度か嘘をついた。この場を借りてセガカラ関係者に謝りたいと思う。すみません。

※1高い時給　1100〜1150円。（'98〜'99年当時）

※2「電波少年」'92〜'02年にかけて、日本テレビ系列で放送されたバラエティ番組『進め！電波少年』『進ぬ！電波少年』。

ゴッチによる後日談

「この回あたりから苦労しましたね。セックス・ピストルズで書けばいいんですけどねぇ、わからないから。リアルじゃないもんなぁと思って。で、セガカラ。これも伝説の店〝カラオケ・オールスター〟での話です。「い」の回を参照してください」

セックス・ピストルズ
『勝手にしやがれ!!』 東芝EMI　TOCP-53098
'77年10月にイギリスでリリースされた、良くも悪くも〝パンク〟という概念の永久不滅の金字塔。ロクに楽器も弾けず歌えもしないはみだし者たちが、純粋なロックの初期衝動とうさんくさい商売根性との間で生み落とした激しいメッセージは今も十分に刺激的だ。

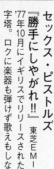

そにっくまにあ

SONICMANIA

会場で会いましょう

「サマーソニックの冬バージョン」と言ってしまうと、冬なのにサマーとはこれいかにという突っ込みを入れられてしまいそうだが、[※1]ソニックマニアというロックフェスティバルが2月5日と6日に行われる（2005年）。このフェスはサマソニと同じく東京と大阪で同時に行われ、1日目と2日目で出演者がそっくり入れ替わるという、イギリスで言ったらレディング[※2]フェスみたいな方法で開催される。我々も今年は出演するとあって、非常にヒートアップしている。

日本にロックフェスティバルがやってきてかれこれ7年くらいが経つが、正直言っ

て冬のフェスってどうなのという読者が多いことだろうと思う。もちろん、夏フェスのような開放感はない。ただ、室内ならではの良さ、照明や音響の効果にストレスがないことが冬フェスの良いところだと思う。あとはお客さんが「どうしても観たいというメンツかどうかVSコタツなどの暖房器具とみかん」の戦いに勝てるだけのものを用意さえすれば、冬のフェスも、もう少し派手に盛り上がりそうな気がする。コタツから出て観に来て欲しい。僕は個人的に、夏フェスにしろ冬フェスにしろ、もっと日本のバンドがメインステージを務めるようになるべきだと本気で思っている。海外には凄いバンドがたくさんいるが、日本のロックの水準も低くはない。洋楽に劣等感を抱く必要は全くない。僕たちの国の言語で作られるからこそ、ダイレクトに僕たちの心に響く音楽もある。けれど、邦楽を必要以上に拒絶する人は結構多い。とか何とか偉そうなことを考えていたら、なんと大トリ前の時間に出演することになってしまった。まさにこれ、寝耳に水という状態。カサビアンとグッド・シャーロットの間で非常に恐縮ではあるが、時間帯がどこであろうが我々はガッツリとやる。決して卑屈にはならない。そして毎度のことながら、出演時間以外はきっちり一ロック・ファンとなり、ドッグス・ダイ・イン・ホット・カーズで踊る予定。

※1ソニックマニア　冬に屋内で開催される大型ロック・フェスティバルとして、'04年、'05年に開

催された。アジカンは'05年に出演。
※2レディングフェス　イギリスで毎年夏に開催されるレディング&リーズ・フェスティバル。20年以上の歴史を持つ野外フェスの老舗。3日間の間、同じアーティストが日程をずらして〝レディング〟〝リーズ〟のふたつの会場でライブを行う。

ゴッチによる後日談

「ソニックマニアでのアジカンの演奏に関しては、大阪公演の時はすごく良かったですね。カサビアンのメンバーと話したりもして、いい人でしたよ。ただ、彼らは絶対僕らを年下だと思ってたと思うんだけど、年上なんだよね（笑）。「hey, you guys, cool」みたいなノリだったけど……。まぁ、儒教の概念を教えてあげたいですね（笑）」ゴ

ドッグス・ダイ・イン・ホット・カーズ
『プリーズ・ディスクライブ・ユアセルフ』 V2 Records　V2CP-194
スコットランドが誇る音楽都市・グラスゴー出身。XTCを引き合いに出されることも多い独特なポップ・センスを持ち、極めて英国的なユーモアと知性にあふれた誰にも似ていない良質なダンス・ロックを奏でる5人組だ。これは'04年リリースの1stアルバム。

たんばりん

TAMBOURINE

ロックに似合う楽器

タンバリンという楽器は、名前自体を冷静に考えてみると、わりとマヌケな響きであるにもかかわらず、結構な数の曲のタイトルに使われている。日本で言えば、[※1]ブランキー・ジェット・シティの「赤いタンバリン」や[※2]ミッシェル・ガン・エレファントの「ブラック・タンバリン」などの名曲をすぐに思い出す。僕が調べたところ、T.レックスやプリンスもタンバリンがタイトルにつく曲を作っている。ついでに菅野美穂もデビュー・アルバムで「タンバリン！」という曲を歌っているが、ここで、話を本題に戻したい。

前述のミッシェルやブランキーの曲が格好良すぎるからかもしれないが、タンバリンという楽器及び言語は響きが少しマヌケであるにもかかわらず、必要以上にロックに愛されているのではないかと僕は感じてしまう。更に、僕の大好きなオアシスのフロントマン、[※3]リアム・ギャラガーが使う楽器であるからという安直な理由で（以前の来日時、ステージから、さもプレゼントとして客席に投げられたのだが、「返せ」と終演後にアナウンスがあったことから想像するに、リアムは相当マイ・タンバリンを大切にしている）、ルックス的にも非常にロックに似合う楽器なのだと感じてしまう。

けれども、僕は小学校のころから、このタンバリンという楽器を愛せないでいる。なぜならば、小太鼓志望で入った鼓笛隊で、発表会の直前に「後藤はタンバリンね」と、突然のパート変更という事実上の戦力外通告を顧問の先生より宣告されたことがあるからだ。先生は「タンバリンも重要な楽器だから」とは言ってくれたものの、同じ脇役打楽器のシンバルよりも地味なうえに叩く回数が凄く少ないということの意味を、小学生の僕は知っていた。

ミッシェルもブランキーもオアシスも格好良い。だけど、僕があの時に叩いたタンバリンは格好悪すぎだった。ひとりだけ、パーマンのワンポイントが入ったズボンを穿いていたことも、それを大幅に加速させた。

※1ブランキー・ジェット・シティ　'90年結成。'00年7月、フジロックでのステージを最後に解散。その後、各メンバーは、浅井健一がJUDE、SHERBETS、照井利幸がRAVEN、ROSSO、中村達也がLOSALIOSとして活動中。
※2ミッシェル・ガン・エレファント　チバユウスケ、アベフトシ、ウエノコウジ、クハラカズユキで結成。'96年にシングル「世界の終わり」でデビュー。'03年10月に解散。「み」の回を参照。
※3リアム・ギャラガー　「り」の回を参照。

ゴッチによる後日談

「発表会の衣装が白シャツに紺のズボンって決まってて、パーマンのワンポイントが入ったズボンしか紺のがなかったんですよ。剝がそうと思ったんですけど、パーマンはしぶとくてねぇ。すごく恥ずかしかったですね」ゴ

ミッシェル・ガン・エレファント
『cult grass stars』　コロムビアミュージックエンタテインメント　COCA-50346
初期パンク、ガレージ・ロック、パブ・ロックなどをかけ合わせたスタイリッシュでホットなサウンドで日本のロック史に一時代を築いた名バンドの1st。演奏と歌にまだ青くさい疾走感やポップな軽さが残り、荒削りだがそこが妙に魅力的な'96年リリース作品。

ちっくちっくちっく

!!! (chk chk chk)

結成時においてかなり重要な作業

ロック・バンドにとって、バンド名を決めるというのは、結成時においてかなり重要な作業のひとつだったりする。僕の場合は結成前に独りで勝手に命名したのだが、この「アジアン・カンフー・ジェネレーション」という名前を決めるのに、ああでもないこうでもないと考えたのを今でも覚えている。そして、我ながらなかなか格好良い名前を付けたなと思う。候補にあがっていたわけではないが、若気の至りで「ゴーゴーシーチキンボーイズ」みたいな微妙な名前にしなくて良かったと思う。

しかしながら、世の中には何て読んでいいかわからないバンドやグループがたくさ

ん存在して困る。例えば、2004年フジロックでのパフォーマンスが素晴らしかった「!!!」。「ビックリ・ビックリ・ビックリ」と読んでしまった人が何人もいると思うが、そんなにビックリしないで欲しい。こう書いて「チック・チック・チック」という通称で、ロック・ファンの間では呼ばれている。だけども、バンドの本人たちは「好きな呼び方で（同じ単語を3回繰り返す）」と言っているので、「ビックリ・ビックリ・ビックリ」や「沼・沼・沼」でも、ちょっと調子に乗って「イチカジことイチローカジュアル・イチカジことイチローカジュアル・イチカジことイチローカジュアル」でも正解なのだが、それではさすがにちょっと人に紹介する時になんだかなという気分になってしまう。やはり、「チック・チック・チック」という呼び名がしっくりくる。

日本のアーティストの中でも「〇〇I〇〇[※1]（オーオーアイオーオー）」や「100s[※2]（ヒャクシキ）」など、知らなかったら何て読んだらいいかわからないバンドがいくつかある。けれども世界は広い。このような話で最も凄いのは、やはりプリンスしかあるまい。ところが、あのプリンスのマークをパソコンで表現することができない。というか、手書きでも無理だ。ということで、残念ながらプリンスの話はまたいつか。

※1〇〇I〇〇　ボアダムスのヨシミを中心として結成されたバンド。

※2　100s　それまでソロで活動していた中村一義が、本格的にライブ活動をするにあたってメンバーを集めて組んだバンド。'04年からは正式に100s名義で活動中。

ゴッチによる後日談

「バンド名を考えてたらいきなりASIAN KUNG-FU GENERATIONって自分のなかで出てきて、決めました。ゴーゴーシーチキンボーイズ？　シーチキンっていう響きだけでゲラゲラ笑えるくらい、シーチキンっていう単語が好きなんですよ（笑）」ゴ

!!!
『Louden Up Now』　BEAT RECORDS　BRC-95
バンド名が〝どう呼んでもかまわない〟ようにサウンドも何と言っていいかわからない、ダンスでポップでテクノでパンクな米国バンド。バイタリティ満々なのかそれとも病んでるのか、どちらとも言えない危うさが魅力のサイケな世界はカッコいいけど取り扱い注意。

ついんりヴぁーぶ

Twin Reverb

ジョンとジョージが使っていたアンプ

初めてギターアンプを買ったのは、浪人していた19歳の時だった。なぜか僕はギターもギターアンプも楽器屋ではなく質屋で買った。前にも書いたと思うが、田舎[※1]から出て来た僕には、楽器屋がどこにあるのかがわからなかったからだ。そして、近所の質屋になぜか山程のギターが陳列してあったので、もう何も迷うことなく「ここで買うしかねぇな」と思ってしまったのだ。その質屋で買ったアンプは、フェンダー風のツイード生地で覆われている「カデンツァ」という謎のメーカーのものであった。「Cadenza」というアルファベットのロゴがフェンダーに似ているが、当時はフェン

ダーのことは全くもって知らず、「なんとなく見た目が良い」という理由で購入した。家で鳴らすためだけだったこともあり、音は出れば良かった。

そんな僕もバンドを組み、ライブハウスに出るようになって使い始めたのは、「ローランドJC-120」というアンプだ。このアンプの良いところは、どこのライブハウスに行っても置いてあることと、いろんなツマミが少ないので操作が簡単というところだ。メジャー・デビューしてからも、しばらくはこのアンプを使っていた。そして、ここ1年くらい、メインで使っているアンプがフェンダー社のツイン・リヴァーブ（'68年製）という真空管のアンプだ。「電源入れる前にスタンバイをオンにするな」という先輩の忠告を、何度聴いても忘れてしまっていた大学時代の僕が見たらビックリすることだろう。このツイン・リヴァーブは、後期ビートルズでジョンとジョージが使っていたアンプでもあり、素晴らしいクリーントーンが出るので重宝している。ただ、僕が使っているやつはマスターヴォリュームがついていない時代のものなので、かなりヴォリュームを上げないと歪んでくれない。ということで、最近はさらにもう1台、フェンダー社のヴァイブロ・キングというアンプを歪み専用として使っている。

※1田舎　出身は、静岡県島田市[※2]。

※2島田市はそんなに田舎？「はい。very much って感じ。市内に楽器屋なんてないんですよ。あっても、ヤマハかCASIOのエレクトーンが売ってるような店しかなかったですね。茶畑と田んぼ、あとはとにかくデッカイ川が市のど真ん中にあるっていう。島田市と言えば大井川」ゴ

ゴッチによる後日談

「ここに書いてあるとおり、現在はヴァイブロ・キングとツイン・リヴァーブのアンプを使用してますね。フェンダーのアンプが好きなんで。ヴァイブロ・キングは、前に見つけた時に、セカイイチの岩崎君に先に買われてしまいましてね。その後たまたま見つかったんで今使用できてますけどね」ゴ

ビートルズ
『レット・イット・ビー』 東芝EMI　TOCP-51123
'70年5月にリリースされたラスト・アルバム。1年以上前に録音したままほったらかしてあったものを手直しして出したといういわくつき作品だが、楽曲そのものの魅力とライブ感あふれる演奏はさすがビートルズ。稀代の天才たちの凄みを表現して余りある名盤だ。

てぃーんえいじゃー

TEENAGER

ティーンエイジャーを興奮させてナンボ

ティーンエイジャーでなくなってから、かれこれ9年もたってしまったことに最近気付いた。「だからなんだよ」と言われたら、返す言葉が見当たらないが、ロック・バンドはティーンエイジャーを興奮させてナンボというのが僕の持論なので、自分がティーンエイジャーからどんどん年齢的に遠ざかっていくというのは、なかなか切実な問題だったりする。

10代の頃は見るのもキツかったイカの塩辛や、酒盗といったクセのある発酵食品を急においしいと思うようになってしまったり、なんか肉より魚だなという気分の日が

明らかに多くなったりと、身体や味覚の変化も言い換えれば「老い」の予兆なのではないかと思ってしまう。

思い起こせば10代の後半戦、18、19歳で僕はロックの洗礼を受けた。それまで、そこまで熱中して音楽を聴いたりはしなかったし、友達から借りた洋楽のCDにもハマったりはしなかった。ところが18歳の時、何枚かのCDを友人に聴かせてもらっただけで、僕は洋楽ロックにどっぷりとハマってしまったのだ。オアシス『デフィニトリー・メイビー』、[※1]ベック『メロウ・ゴールド』、[※2]ティーンエイジ・ファンクラブ『バンドワゴネスク』。深夜の洋楽番組「ビートUK」を画面に齧りつく勢いで観ては、[※3]ブラーや[※4]レディオヘッド、[※5]スーパー・ファーリー・アニマルズを求め、バイト代が入る度にレコード屋に通っていた。あの1年で僕の世界は、それ以前とそれ以後に分類できるほど大きく変わったのだと、少し大袈裟かもしれないがそう思う。

何故にあれ程までに熱中したのか。それはきっと、受験に失敗し、高校を卒業して初めて芽生えた「自分は何者か」という訳のわからない感情と先の見えない未来への閉塞感、それを見事なまでにロックは内包していて、尚かつ、現実を抱えながらも非現実の世界に連れて行ってくれるような音楽だったからだ。

僕は、自分とティーンエイジャーを裏切らない音楽を作り続けたい。

※1ベック　'94年に「ルーザー」でデビュー。代表作に『オディレイ』『グエロ』など。
※2ティーンエイジ・ファンクラブ　スコットランド・グラスゴーを代表するギター・バンド。
※3ブラー　'94年発表のアルバム『パークライフ』にて世界的にブレイク。メンバーのデーモン・アルバーンは現在ゴリラズとしても活動中。
※4レディオヘッド　「と」の回を参照。
※5スーパー・ファーリー・アニマルズ　イギリス・ウェールズにて'93年に結成。

ゴッチによる後日談

「10代のファンが多いことは、嬉しいですね。いいことだと思いますよ。10代をターゲットに狙ってる訳じゃないですけど、聴く人を限定しない表現をしていきたいです」ゴ

ティーンエイジ・ファンクラブ
『バンドワゴネスク』ユニバーサルインターナショナル　UICY-2011
80年代初期の英国ネオアコ・ムーブメントの洗礼を受けたノーマン・ブレイクを中心に結成され、クリエイション・レコーズより'89年にデビュー。轟音ノイズ・ギターと泣けるメロディ、優しいボーカルが溶け合った無上の美しい世界がここに。'91年リリース作品。

とむよーく

Thom Yorke

トム・ヨークに憧れて

「世界中の若いバンドマンは、みんなトム・ヨークになりたがっている」このようなことを、何時か忘れたけど[※1]マドンナが言っていた。少し大袈裟かもしれないけれど、実際、レディオヘッドのフロントマンでありボーカリストでもあるトム・ヨークに憧れる若者は多い。僕もそのひとりだ。

僕が初めてレディオヘッドを聴いたのは、深夜の音楽番組だった。TVから流れてきたのは、セカンド・アルバム『ザ・ベンズ』に収録されている「ハイ・アンド・ドライ」という曲であった。しかし、その時の放送はちょっとしたコーナーの一部分で

あったため、バンド名のテロップは確認できたのだが、曲名までは確認することができなかった。この日から、僕が名前も知らないレディオヘッドの曲を探す日々が始まった。とはいえ、当時、洋楽のCDをたくさん売っているレコード屋を僕は知らなかった。そして、「ど」がつく田舎者の僕は渋谷や新宿に訳のわからない恐怖感を抱いていたので、住んでいた立川からそういった都心部に出掛ける度胸がなく、国立のディスクユニオンで「ジャスト」というシングルを当てずっぽうで買ったのだが、その曲は入っていなかった。その後、ファースト・アルバムの『パブロ・ハニー』、来日記念盤『イッチ』を買ったが、そこにも入っていなかった。既にセカンド・アルバムが発売されていたにもかかわらず、どれほどの勘の悪さなんだと我ながら思う。

そう言えば、大学で先輩が組んでいるレディオヘッドのコピー・バンドに参加したことがある。その時は、俺はトム・ヨークになれるかもしれねぇと勝手に思い込み、サークルのイベントで「ハイ・アンド・ドライ」や「マイ・アイアン・ラング」などを熱唱した。随分前に、その時のテープを聴く機会があり、そこに記録されていた自分の歌の下手さにひっくり返ってしまった。当たり前だけど、トム・ヨークには程遠かった。地球から冥王星くらいの遠さは軽くある気がして凹んだ。

※1マドンナ　'84年「ライク・ア・ヴァージン」の大ヒット以来、常にポップ・アイコンの地位に

君臨。

ゴッチによる後日談

「ニルヴァーナと比べると、僕らの世代はレディオヘッドのほうが感情移入しやすいのかな。シニカルだけど非常に冷静で、〝絶望の先〟っていう感じがしますよね。〝絶望的、そんなことはもうわかっている〟っていう世代だから、僕らは。そういうところとか、アーティスティックで、すごく知性を感じるところにみんな憧れるんじゃないですか。もちろん作品も素晴らしいですしね」ゴ

レディオヘッド
『ザ・ベンズ』 東芝EMI　TOCP-8489
大ヒット「クリープ」を含む1stの成功に満足せず、〝進化するロック・バンド〟として今も挑戦を続ける彼らのスタート地点とも言える'95年発表の2nd。アコースティック・ギターを多用したシンプルな曲調と、トム・ヨークの幽玄な歌声の美しさが怖いほど胸に迫る。

なんばーがーる

NUMBER GIRL

出会いも含めて奇跡みたいなもの

「自分の大好きなバンドが解散する」ということは、そんなに珍しいことではない。ただ、「今まさに」という状況では、なかなか体験できることではないと思う。大概はすでに興味が薄れてしまっていたり、好きではあるが解散したとしてもそれに伴う喪失感が少なかったりすることが多い。そういった意味で、ナンバーガール[※1]の解散は僕にとって衝撃的だった。ファンであることはもちろん、強烈に憧れている存在だった。ツアー「NUM・無常の旅」のチケットは、普段から取りづらい状況に拍車をかけ、僕はチケット争奪戦に惨敗。しかし幸運にも、友人がZepp Tokyo公演のチケットを取り、余った1枚を譲り受けるという奇跡によって僕はナンバーガールの最後のツアーに参加することが出来た。演奏中のことは興奮しすぎてほとんど覚えていない。だが、僕を含む多くの人々がアンコールを求めてZepp Tokyoからなかなか帰らず、向井さんが場内アナウンスで「終電なくなるから帰れ」と大声で言っていたことを強烈に覚えている。

バンドというのは、そのバンドそれぞれ、微妙なバランスで成り立っていて、音楽のみならずいろいろなモノがその中で渦巻いている。敢えて「モノ」と書いた、その言語化できない何かが膨らんだり縮んだりしながらバンドの一番大きな外枠を形成していると僕は考えていて、それを見たり感じたりして、僕らは格好良いだとか格好悪いだとかを判断している。メンバーが変わってもそれが変わらないバンドもいれば、全く別のものになってしまうバンドもいる。僕は完全に後者のタイプが好きだ。そして僕が偉そうに言うのも申し訳ないが、ナンバーガールは後者の最たるバンドで、奇跡みたいな出会いと絶妙なバランスでそれが成り立っていた。リアルタイムで、そういったある種の奇跡を体感できたことを嬉しく思う。いろいろなバンドの作る音楽は、出会いも含めて奇跡みたいなものだと思っている。だから音楽が好きだ。

※1ナンバーガール　福岡市博多区出身。メンバーは向井秀徳、田渕ひさ子、中尾憲太郎、アヒ

ト・イナザワ。'99年に「DESTRUCTION BABY」でデビュー。インディーズを含め、4枚のオリジナル・アルバムを発表し、'02年に解散。向井のZAZEN BOYSをはじめ、それぞれが新たなバンドで活動中。

ゴッチによる後日談

「向井さんも、会ったとしても固まっちゃうでしょうね。何を話せばいいのかわからないですし。挨拶しかしたことはないですね。アヒトさんはまだZAZEN BOYSにいた時に一度対バンして、サッカーの話で盛り上がりましたね。それを覚えてらっしゃるかはわかりませんけど。やっぱり、すごく尊敬しているバンドなので緊張しますね、どの方を見かけても」

ゴ

NUMBER GIRL

『サッポロ　Omoide In My Head 状態』　東芝EMI　TOCT-24920

現・ZAZEN BOYSの向井秀徳が率いた、NYパンクから米国オルタナティブ・ロックを経て日本の祭り囃子まで飲み込み、唯一無二のヘビー&センチメンタル過剰な世界を築いた名バンド。これはラスト・ツアーの最終日の模様を熱狂収録した'03年リリース作品。

にゅーおーだー

NEW ORDER

素敵な出会いに感謝している

2005年3月24日、ニュー・オーダーの新作『ウェイティング・フォー・ザ・サイレンズ・コール』が発売された。既にいろいろなところで告知されていたので、知っている人も多いかと思うが、今回、僕はこの新しいアルバムのボーナストラックに日本語詞で参加した。日本の価格より安い輸入盤が気軽に手に入る昨今では、日本盤はその価格の違いをライナーノーツやボーナストラックによる付加価値でカバーせざるを得ない。そんな事情と、フジロック出演時のオーディエンスに感動したボーカル、バーナードの「日本のファンに何か出来ることはないか」という発案により、ニュー・オーダーのボーナストラック、「クラフティー」日本語バージョンの企画がスタートした。そして、世界のニュー・オーダーが初めて歌う日本語詞、その依頼が僕のところに来てしまったのだから、驚くほかなかったのが当時の正直な気持ちだ。

作業にあたって、ふたつの問題があった。海外でも特に英語圏の人が歌う日本語の難しさは尋常ではない。この極東の国の言語には、英語とは異なったリズム、発語感、そして何よりピッチによって意味が変わってくるというややこしい特徴がある（例えば「橋」と「箸」とか）という言語の問題。そして、原曲のメロディが素晴らしく、メロディというのはオリジナルの詩の子音や母音も含めて成り立っているので、それを壊してしまわないかという問題。これを同時にクリアするために、なるべく音の近い言葉を選んで作詞を進めて行くという方法を僕は選んだ。そうすると、今度は詩の意味という壁が当然のように現れる。原作の詩が持っている世界感を壊して、僕が勝手に別の話を用意してしまっては意味がない。行ったり来たりの試行錯誤の末、「クラフティー」の日本語詩は完成した。

自分で言うのは何だが、自分で歌いたいくらいの出来だ。素敵な出会いをくれた関係スタッフとニュー・オーダー、そしてバーナードに感謝している。

ゴッチによる後日談

「（'05年の）フジロックで実際にお会いしました。アジカンのCDもすごい良かったよって言ってくれてましたね。すごく酔っ払ってたから怪しいですけど（笑）、嬉しかったです。「クラフティー」日本語バージョンもフジロックで歌ってくれましたね。ニュー・オーダーのファンの方がどう受け止められたのかはわからないですけど、本人たちがとても愛してくれてるんで、それでいいんだなと思います。あの場で初めて聴いて、何かを感じてくれた方もいるでしょうし。やって良かったなと思いますね。いいトライアルでした」ゴ

ニュー・オーダー
『ウェイティング・フォー・ザ・サイレンズ・コール』
ワーナーミュージック・ジャパン　WPCR-12017
70年代ニューウェーブ期に生まれ、ダンス・ミュージックとバンドの融合に成功した偉大なるオリジネイター。英国ロックの重鎮となった今も、変わらぬロマンチックなメロディと軽やかなサウンドを備えた良質のポップ・クリエイターっぷりは健在。「クラフティー」収録。

ぬーのべってんこーと

Nuno Bettencourt

連載の趣旨はどこに!?

この連載も約半分を過ぎ、一度も原稿を飛ばすこともなく、なかなか順調に進んでいる。毎週毎週ということで、面倒くさがり屋の僕はいつか投げ出すのではないかという不安もどんどんと薄れていた今回、初めての危機に僕は直面している。

それは何か。答えは非常に簡単、「ヌ」から始まるロック的な言葉や内容が全くもって見つからないのだ。しかもツアーが始まってしまい、原稿のことをあれこれ考える時間が大幅に減ってしまったというダブルパンチで、『ウィークリーぴあ』編集部の担当や事務所スタッフ、ひいてはメンバーからも心配されるという始末だ。「何が

良いだろうね」と皆で話していると、ギターの喜多君が「ヌーノ・ベッテンコート[※1]が良いんじゃないか」と簡単に言った。会話に加わっていた皆も「良いのがあるじゃん」的な表情を浮かべていたが、ヌーノ・ベッテンコートはおろか、所属していたエクストリームというバンドすら僕は聴いたことがない。「なんとなく早弾きしそう……」というような、ヌーノ・ファンが聴いたら血祭りにあげられそうな漠然としたイメージしか持っていないのが逆に申し訳ないくらいだ。

他にも、いろいろな人が僕にアドバイスをしようと試みるが、決まって「ぬ、ぬ、ぬ……。ヌー（アフリカのサバンナとかにいる草食動物）はどう？」と、からかい半分に途中でサジを投げ出すことになり、この原稿を書いている今に至っても、使える助言をしてくれた人はひとりもいない。そして「ヌーノ・ゴメス（ポルトガル代表のサッカー選手）しか思い浮かばないんですよね」と半ば投げやりで『ウィークリーぴあ』の担当に伝えると、「それで良いんじゃない」という連載の趣旨はどこに的な驚きの切り返しを頂いたりして、さらに混乱してしまっている。

仕方ないので、ここは腹を括ってヌーノ・ベッテンコートについてたっぷり書きたいと思う。だが、残念なことに文字数が足りなくなってしまった。

※1ヌーノ・ベッテンコート　90年代前半、アルバム『ポルノグラフィティ～エクストリーム2』

で人気を博したバンド、エクストリームのギタリスト。超絶技巧で知られ、'96年の解散後もソロや自らの新バンド、モーニング・ウィドウズで活動中。'05年、'08年エクストリーム再結成。

ゴッチによる後日談

「「ぬ」の題材選びはキツかったですねぇ。「ぬ」なんかないですよねぇ。だいたい、この「ぬ」っていう文字のシルエット見てくださいよ。なめてますよね、絶対ね、何かを。苛立ちますよね、カタカナにしたって苛立ちますよね、フォルムが。もう、書けない時は、書けないってことをそのまま書いたほうがいいなって思いました」ゴ

ヌーノ・ベッテンコート
『ベスト・オブ・ヌーノ・ベッテンコート』
ユニバーサルインターナショナル　UICE-1069
アコースティックな名曲「モア・ザン・ワーズ」でロック史に名を残すアメリカン・ハード・ポップ・バンド、エクストリームの看板ギタリストだったヌーノ。バンド解散後の'97年〜'03年までのベスト盤である本作では、ファンキーな超絶テクがたっぷり楽しめます。

ねがてぃぶ
NEGATIVE

ポジティブが氾濫している

「ポップなサウンドにポジティブな歌詞で……」というような紹介文をいろいろな雑誌でよく見かける。昨今では、アジカンやそれ以外のバンドのCDレビューや紹介などにも同じような文章が載っていることが多い。とりあえず元気が良いので「ポジティブ」と書いておいたらバッチリ的な、ポップと書いておけば食いつきが良いし波風もたたない的な、そういうやっつけ感覚しか感じ得ないことも稀にだがある。「ポジティブ」が氾濫している。

誰しもが皆、「ポジティブ」に生きたいと思っている。だが、半ば「ポジティブ」

でなければならないという脅迫観念にでも取り憑かれたように、「言いたいことは特にないけど、とにかく頑張ろう」という歌を聴き、孤独を受け入れることよりも幻想めいた連帯を夢見る。特に毒を吐きたい気分ではないけど、どうかしていると思うこともある。

しかし、「僕はネガティブな人間だ」というのも嘘になる。マイナス方向の思考に陥ってしまうことが多々あるのは事実だけれど、いつもとは言えないが心の中では前向きに生きたいと願っている。おおよそ自分の身の回りというミクロな視点での世界、その半分以上は悲しかったり辛かったりすることだし、僕らが暮らすこの世界というマクロな視点で見たのならば、どう考えても9割は悲しみや怒りという感情が充満していると思う。そういうことに想像を巡らしたうえで、ほんの些細なこと、自分の心に芽生えたささやかな希望を、日常のふとした幸せを大切にしたいと思っている。

ポジティブとネガティブは表裏一体だ。だけども、基本的にネガティブな部分の割合が多い事柄はなかったことにされる。もっと言うなら、ネガもポジもゴチャゴチャのグチャグチャになっているのが人間だ。決して美しいものではない。だけど、それをそのまま歌うと美しい音楽になったりするから不思議だ。僕はそういう音楽が好きだ。

ゴッチによる後日談

「この回もちょっと強引ですね。「ね」も思いつかなくて。この原稿は、いいこと書いているように見えて、ちょっと強引かなと今は思いますね。でも、僕は非常にポジティブな人間だってことが最近わかったので、〝ポジティブ〟って言葉に対しても、そんなに悪いことじゃないなと思い直しましたね」ゴ

マンサン
「ネガティブEP」 東芝EMI　TOCP-61009
'98年リリースの2ndアルバム『S I X』収録曲。90年代英国を席巻した〝ブリット・ポップ〟の流れとは一線を画す、プログレッシブな楽曲構成と突き抜けたポップ・センスとが共存する異空間ロック世界。とことんネガティブ一直線の歌詞はある意味すがすがしい。

のえるぎゃらがー

Noel Gallagher

心の底から憧れている存在

「最も好きなミュージャンをひとりだけあげて下さい」そういう質問をされたら、僕の場合は何の迷いもなくオアシスのノエル・ギャラガーをあげる。これはもう、誰が何と言おうと譲れない、神様とまではいかないけれど、心の底から憧れている存在なのだ。思えば、浪人の時にオアシスに憧れてギターを買い、その後、ギター練習のためにずっと家で弾いていたのは[※1]「ワンダーウォール」という大ヒットしたシングル曲だった。この曲のためだけにカポタストというキーを上げる器具を購入して、汚いアパートで四六時中ギターを弾き、コードの押さえ方を覚えた。初心者の僕でも押さえられる易しいコード進行で、これほどまでに良い曲が作れるものかと本当に感動し、そして自分で曲を作ってみたいという感情が芽生えたのも、ノエルが単純なコード進行で幾つもの名曲を生み出していることに、単純なコード進行しか知らなかった僕が背中を押されたような気分になったからだ。「お前と一緒にするな」とツッコミを入れたい人が多いだろうが、初心者にとってはこの上ない後押しのような気持ちを、ノエルが作る名曲の数々から貰ったのだ。

大学に入ってからすぐに、僕は喜多とバンドを組み、ギターはあまり弾けなかったけれど、とにかく自分の曲を作った。そのほとんどはノエルのやり方を手本にしていた。正直言って、誉められた出来ではなかったけれど、コピー・バンドをやりたいとは思わなかったし、下手でも自分の曲を作るということが楽しくて仕方なかった。そして何曲も何曲も作っているうちに、ノエルのやり方の模倣ではない自分のやり方がいつの間にか身について、いろいろな方法で曲を書くようになった。

音楽は多かれ少なかれ、憧れとその模倣で回転し始め、その回転の中からオリジナルが出てくる。と言うか、その回転の仕方が人それぞれで、そこにオリジナルが宿る。僕の回転はノエル・ギャラガーから始まった。

※1　「ワンダーウォール」　全世界で1500万枚を超える売上を記録したオアシスの2ndアルバ

ム『モーニング・グローリー』に収録されたナンバー。のちにアルバムからシングル・カットされた。

ゴッチによる後日談

「'05年のサマソニでノエル・ギャラガーに俺はサインをしてもらおうと思って、1stCDを用意して持っていってたんですよ。〝これがあるから今の僕があるんだ〟ってことを伝えたくて。ノエルも「oh!」なんて言って書いてくれて!」ゴ

オアシス
「ワンダーウォール」Sony Music International　ESCA-6378
彼らの最高傑作に挙げられることの多い'95年発表の2ndアルバム『モーニング・グローリー』収録で、シングル・カットされたナンバー。パッと聴くと地味だが、かむほどに滋味のにじむメロディが見事。アメリカでの初の大ヒット曲でもある。

はいすたんだーど

Hi-STANDARD

日本のロック・シーンにおける大きな事件

ハイ・スタンダードの登場とフジロックフェスティバルは、僕が大学時代に体験した日本のロック・シーンにおけるふたつの大きな事件だ。後者は「ふ」の回にまわそうと思うので、今回は「ハイスタ」ことハイ・スタンダードについて書こうと思う。

当時、ハイスタ及び[※1]エア・ジャム世代の登場により、僕の身のまわりでは多くの変化が巻き起こった。まず、僕の1学年下の代から、大学の軽音楽部の後輩たちは茶髪に短パンのパック・キッズ一色になってしまった。そして、学祭などでは、ハイスタ、ハスキング・ビー、ブラフマン、ソバット、スーパー・ステューピッドなどのコピ

ー・バンドが多くみられるようになり、ダイブにモッシュで大盛り上がりと、以前より音楽サークルが肉体的かつ活動的にシフトしたように感じた。こういった流れは大学の音楽サークルのみならずライブハウスでも同じで、メロディック・コア・パンクを掲げるバンドは巷に溢れかえり、メロコア・イベントは大盛況だった。一連のメロコア・ムーブメントは、どちらかと言えばヘヴィーユーザー側の僕らでさえライブを観に行くといったら新宿リキッドルームや赤坂ブリッツなどの大きなハコだけだったのにもかかわらず、そこまで音楽を普段聴かない一般の人たちを一気に小さなライブハウスに呼び込んだ。これは本当に素晴らしい功績だと思う。だけど、当時ほど自分のやっている音楽に危機感を感じたことはなかった。テンポが決して早いとは言えない僕らは、このままメロコア・ムーブメントに飲み込まれる以外に生き残る方法はないのかという気分に陥る日もあった。それでも今になって当時のことを思うと、一連のムーブメントから良い意味での影響を受けていたことに気づく。埋もれてしまうのではないかという危機感の中で自分たちの音楽を客観的に見るようになったこと、そして、対抗手段として掲げた高いテンションとエモーショナルがバンドの個性に結びついたのだ。

※1エア・ジャム　'97年に第1回が開催されたパンク系の野外フェス。'00年の第3回は、千葉マリ

ンスタジアムに3万人を超える観客が集まった。
※2メロディック・コア・パンク　通称〝メロコア〟。パンク・ロックを細分化したジャンル用語。シンプルかつポップ、誰もが歌えるようなメロディアスなパンク・ロックを指す。

ゴッチによる後日談

「ハイスタ、本当にすごいエネルギーでしたね。びっくりするぐらい軽音楽部だけじゃない、校内にも影響を受けたと思われるやつらがいっぱい増えて。ハイスタとか見て、〝バンドやりたい！〟って思った人が増えたんじゃないかな。僕らアジカンは逆に危機感を覚えたことで、テンション上げたり、叫ぶ方にシフトしていったり。バンドにとってプラスに作用したと思いますね」ゴ

Hi-STANDARD
『Growing Up』トイズファクトリー　TFCC-88067
アメリカン・メロコアの直輸入スタイルを拝借しつつ、日本人好みのメロディと意味深い歌詞を乗せて〝日本のストリート・ロック〟を確立した'95年作品。インディ精神にもとづくバンド運営や海外ツアーなど、音楽性以外にも後進のバンドに与えた影響は巨大。

びーとるず

THE BEATLES

俺にとってのポールはどこ？

今回は「ビ」ということで、ザ・ビートルズについて書こうと思う。僕らの世代だと大概の場合、「両親が好きだった」ということがきっかけで、小学生や中学生の頃に知るということが多いのだが、大人になっても相変わらず愛聴していたり、むしろ音楽をやりはじめてからさらにハマったという人が少なくないのがビートルズの凄いところだと思う。約40年も前に発表された音源が今でも僕らの心を摑んで離さないばかりか、何時の時代に聴いてもサウンドの斬新さが薄れないというのは本当に素晴らしいことだと僕は思う。

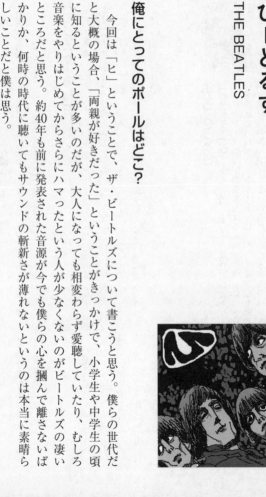

ビートルズのレコードにある「レノン&マッカートニー」という作曲表記は、バンドをやっている身としてもひとりの人間としても憧れそのものだ。親友が作曲のパートナーでしかもお互いに天才ということは奇跡としか考えられない。バンドマン（特にギターボーカル）は大概の場合、自分が天才かどうかということはとりあえず棚に上げて、「俺にとってのポールはどこ？」と考えたりする。ジョンのカリスマ性に憧れて自分をジョンに見立てたとしても、音楽の才能の塊みたいなポールがその辺にいるわけがない。しかし、そういうことは後からわかるのであって、バンドをやり始めて「これで食っていこう」などという人にそういった類の客観性があるはずがない。だから今日も、きっと何人もの自称ジョンと自称ポールが「相方いねぇかな」と、そういう妄想を繰り返している。端から見たらちょっと滑稽だけど、ロマンティックで素敵な妄想だと僕は思う。そういう気分で『バック・ビート』[※1]という映画を大学生の時に観たら、スチュアート・サトクリフ[※2]というもうひとりの天才がいたりして更にびっくりした。

ビートルズに限らず、伝説のバンドや音楽には奇跡みたいな出会いが必ず存在している。やっぱり音楽だけに限らずとも、人との出会いが人生を左右することが多い。ロック・バンドの歴史を見るとそう痛感する。

※1『バック・ビート』ビートルズ結成時に5人いたメンバーのひとり、スチュアート・サトクリフの生涯を描いた映画。'94年公開。
※2スチュアート・サトクリフ　アートスクール時代にジョン・レノンと出会い、ベーシストとしてビートルズに参加。その後、画家になるために脱退。ビートルズ黎明期のジョン・レノンに多大な影響を与えたと言われる。

ゴッチによる後日談

「僕が物心ついた時には、ジョンは亡くなってたけど、どうしてみんながジョンに憧れるかっていうのはなんとなくわかりますよね。やっぱり、ドラマチックだから憧れてしまうんじゃないですかね。ポールも天才だし。でも、先輩で〝俺はジョージ・ハリスンが一番好き〟って人もいて。そういう人も結構好きかなぁ（笑）」ゴ

ビートルズ
『リボルバー』東芝EMI　TOCP-51117
ビートルズ作品はすべてロックの古典だが、楽曲の出来の良さと演奏アイディアの豊富さで'66年リリースの本作を最高傑作に挙げる人は少なくない。ロックンロール、クラシック、インド音楽、ブラス・ロック、サイケデリックなどカラフルを極めた万華鏡的音空間。

ふじろっく

FUJI ROCK

会場全体で楽しませてくれるフェス

１９９７年、富士山の麓「天神山スキー場」で始まった本格的なロック・フェスティバル、通称「フジロック」は今年（２００５年）で9回目を迎える。[※1]レイジ・アゲンスト・ザ・マシーン、[※2]レッド・ホット・チリ・ペッパーズ、[※3]フー・ファイターズ、ベックにウィーザーというもの凄く豪華なメンツにも驚いたが、雑誌で見た開催決定のニュースそのものにも感動したのを覚えている。当時、前述のような海外アーティストがこぞって出るフェスが見たいのならば、イギリスやアメリカなどのフェスに行くかブートレグのビデオを買う以外に方法はなかった。だからこそ、[※4]レディングや[※5]グ

ラストンベリーまでとはいかないにしても、日本で大規模なロックフェスが開催されるということは夢のような出来事だった。

しかし、第1回のフジロックフェスティバルに僕は参加できなかった。まずは開催期日が試験日程と被ったこと。そして、金銭的な問題も理由のひとつだ。チケット代と交通費、その他もろもろの費用を貧乏学生の僕が急に捻出できるはずがなかった。参加するという音楽サークルの先輩が羨ましくて仕方なかったけれど、泣く泣く諦めて試験勉強に取り組んだのを覚えている。

ところが、この第1回のフジロックは台風の直撃を受けてしまう。人づての話だが、会場内はかなり酷い状況だったらしい。それを受け、「翌年の開催は大丈夫か」と心配した人が多かったと思う。結局、第2回は会場を豊洲に移して行われた。僕はこの年に初めてフジロックに参加した。豊洲はひっくり返るほどの猛暑だったが、ビール片手にはっちゃけ倒した。「これ、毎週やらないかな」と本気で思うほどの楽しさだった。

会場を苗場に移してからのフジロックは、地味ながらも毎年進化し続けている。ステージ間の動線はスムーズだし、ステージも次々に新設されて、3日間を通して自分のペースで音楽を楽しめる。何より、会場全体で楽しませてくれるフェスなのが素晴らしい。

※1レイジ・アゲンスト・ザ・マシーン　'90年に結成されたアメリカのミクスチャー・ロック・バ

ンド。'00年解散。'07年再結成。代表作は『バトル・オブ・ロサンゼルス』など。

※2レッド・ホット・チリ・ペッパーズ　アメリカが生んだ世界的ロック・バンド。代表作は、『カリフォルニケイション』など。

※3フー・ファイターズ　ニルヴァーナのデイヴ・グロールを中心に'95年結成。代表作は『イン・ユア・オナー』など。

※4レディング　「そ」の回を参照。

※5グラストンベリー　'70年にはじまったヨーロッパ最大規模の野外フェス。

ゴッチによる後日談

「フジロックは毎年でも出たいですね。観客として行く楽しみもありますけど、死ぬまでにはメイン・ステージに立ちたいですね」ゴ

レイジ・アゲインスト・ザ・マシーン
『イーヴィル・エンパイア』 Sony Music International　SRCS-7734
ラップ・コアもしくはラップ・メタルと呼ばれた革命的サウンドを引っさげ、90年代ラウド・ロック・シーンを牽引した不世出の名バンドが'96年にリリースした2nd。怒りに満ちた激しい歌詞と強烈なボーカル、ギターとは思えない変則奏法など独創性のカタマリだった。

ベース
BASS

渋くて格好良い。しかし……

雑誌などのバンドメンバー募集記事をたまに読んでいると、「当方ボーカル、ボーカル以外の全パート募集。ヤンキー不可」みたいな記事が多い。ヤンキーが可なのか不可なのかはさておいて、「全パート募集はやりすぎだろう」と、そういう突っ込みを入れたいところではあるが、他の記事に目を向けると、ベースやドラムを探す記事が多いことにも気付く。こういった雑誌の記事だけではなく、ライブハウスや練習スタジオ、楽器屋などに貼られたメンバー募集のチラシにもリズム隊を探す告知がなされている場合が多いように僕は感じる。前置きが長くなってしまったが、今回は

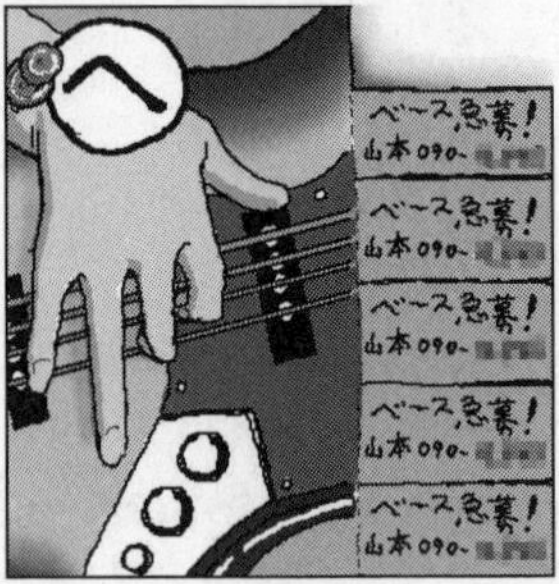

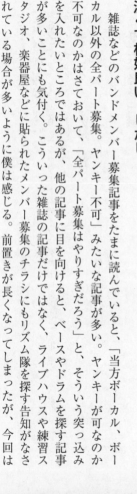

「へ」ということで、そんなリズム隊の一角であるベースについて書こうと思う。

　僕がいつもベーシストに対して不思議に思うのが、一体どういう理由でベースという楽器を選んだのかということだ。ベースは「渋くて格好良い」という印象もあることはあるが、どちらかというと素人目には「地味なのではないか」という印象がある。だからその一見したら地味かもしれないパートを積極的に選ぶ人のことが不思議でならないのだ。中には、本当はギターが弾きたかったのだが、バンド編成上の都合でどうしても自分がベースという役回りを引き受けざるを得なかったという人もいる。そういう場合はなんとなくベーシストになる過程が想像できるのだが、なんの迷いもなくベースを自ら選ぶ人が世の中には結構いるから不思議だ。例えばアジカンのベースの山ちゃんに訊いてみたところ、「なぜか最初からベースが気になっていた」と言っている。そして彼はベースを購入し、現在では顔を見ただけで「あ、この人ベース弾きそう」と思ってしまうような空気感を醸し出しているではないか。ほぼ毎日会っているからそう見えるだけかもしれないけど。前にペンパルズ[※1]のコピー・バンドでベース・ボーカルをやったことがあるけど、僕にはベースが全く似合わなかった。

※1ペンパルズ　'96年結成、'97年にアルバム『PENPALS』でデビュー。'05年12月に解散。メンバーの林宗應、平井義人は新バンドREVERSLOWを展開中。

ゴッチによる後日談

「いきなりベースをやろうとは思えないですよね。なんか生産性がないじゃないですか。ベースを買って曲を作ろうとは思わないじゃないですか。プレイヤーになろうとは思わなかったから、曲を作りたかったから、そうするとギターなんですよね」（ゴ）

PENPALS
『AMERICAMAN』　バップ　VPCC-81274
'05年末に惜しまれつつその歴史を閉じた彼らの2ndにあたる'98年作品。カラッと乾いたサウンドと独特なユーモア感を持ち、暴走パンクやパワー・ポップ、ガレージ・ロックに強力キャッチーなメロディを乗せて突っ走るスタイルはほかに得がたい個性であった。

ほーむらん

Home Run

想像力の豊かな人間になりたい

一度でいいからホームランを打ってみたい。プロ野球を観ていると、そう思う。一方で、ランナー1塁におけるセオリー通りの右打ちや送りバント、こういった地味で細かいプレーには技術が必要だし、チームプレーに徹する日本野球は実はマニアックで奥が深い。それが理解できれば楽しいのだけど、野球をやっていない人にはそれは全くわからないというのも事実だ。そういうことも、昨今のプロ野球人気の低迷と関係しているのかもしれない。要するに、細かいところなんかより、観衆はもっとホームランやファインプレー、剛と剛の戦いを観て刺激が欲しいのだ。観衆は刺激に飢え

ている。

野球だけに限らず、現代の人は刺激を欲している。普段の生活や音楽にも刺激を求めている。ヒット・チャートを彩る音楽は発売と同時に一気に消費されて、週末には中古CDショップの店頭に並ぶ。気付けば世の中は「刺激」だらけで、何に興奮しているのか全くわからないような雰囲気だ。人々の心を煽るテレビやインターネットは刺激の権化だし、最早、画面の向こうにリアリティはない。というか、間近で起こっていないことにリアリティを感じるほどの想像力を僕らは持ち合わせていない。にもかかわらず、画面の向こうの出来事を見てわかったような顔をする。「想像してごらん」とジョン・レノンは歌った。何でもそうだけど、ちょっと想像してみるだけで世界は変わる。全世界という意味ではない、あなたの目に映る世界が変わるということを僕は言いたい。音楽だってそうだし、さっき観たホームランだってそうだ。屈強な打者の日々の苦悩と鍛錬、数えたならば何万回目のスイングかわからないそのバットが、1球目に大きく空振りしたカーブを捕らえる。その駆け引きと背景にあるドラマを想像して興奮し、感動する。ご飯が何杯でもいける。

ホームランは打てないけど、もっともっと想像力の豊かな人間になりたい。

ゴッチによる後日談

「野球、めちゃくちゃ詳しいですからね。野球理論の本とか持ってましたよ。野球マニアかもしれないですね。選手を知ってるとかじゃなく、野球を知ってるっていう。小中高と野球やってて、硬球もやりました。静岡のなかでも、僕の出身の島田市は野球が盛んな街なんですよ」ゴ

ジョン・レノン
『レノン・レジェンド ザ・ヴェリー・ベスト・オブ・ジョン・レノン』
東芝EMI　TOCP-51110
ソロ・デビュー盤『ジョンの魂』から没後にリリースされた『ミルク&ハニー』まで、シングル中心に代表曲を集めた'98年リリースのベスト。ロック・シンガーとしての声の魅力、多彩なメロディ、深い洞察力を放つ歌詞など、永遠に色あせない魅力満載だ。

まっとしゃーぷ

Matt Sharp

メンバー・チェンジの大きな意味

ウィーザー[※1]の新しいアルバムが発売された。僕のまわりの古くからのウィーザー・ファンは、良かっただの悪かっただの、初期から好きな人は作品そのものの出来よりも、どちらかというと思い入れが先行した批評を彼らから聞くことが多い。僕も実は似たようなもので、初期のウィーザーが好き過ぎて、まともに作品のことを語るには思い入れがあり過ぎて困っている。

バンドにとって、メンバー・チェンジというのはかなり大きな意味を持っている。メンバーがひとり変わるだけで楽曲や演奏のクオリティ、そういった音楽的な部分だけに限らず、メンバー間のパワーバランスやバンドの雰囲気などが良くも悪くも変わってしまう。例えばオアシスのドラマーが、[※2]トニー・マッキャロルから[※3]アラン・ホワイトに変わったとき、オアシスのサウンド面が強化されたことは素人目にも明らかだった。レッド・ホット・チリ・ペッパーズに[※4]ジョン・フルシアンテが帰ってきたことも歓迎されたメンバー・チェンジの良い例だと思う。

悪い例もある。ストーン・ローゼズからの[※5]レニの脱退は、たったひとりの脱退でもバンドが終わってしまう（悪い言い方ですいません）ということを表している。特にストーン・ローゼズのような「そのメンバーでしか成り立たない」という音楽をやっているバンドにとって、メンバー脱退は「解散」と同等の意味を持っていると僕は思う。ウィーザーも結成メンバーであるベーシスト、マット・シャープがサード・アルバムの前に脱退してしまった。僕の個人的な趣味ではあるが、マットのいるウィーザーが好きだった。ヴォーカルのリヴァースより明らかに目立ちたがり屋であろうマットがいることによって、何とも言えない絶妙な華があるように思えた。

ウィーザーの新しいアルバム、僕は大好きだ。でも、オリジナル・メンバーのウィーザーを観たいという僕がいるのも事実。ただのファンである僕は、こうして勝手なことばかり考えている。

※1ウィーザーの新しいアルバム　'05年5月に発売された『メイク・ビリーヴ』。
※2トニー・マッキャロル　オアシス結成時のドラマー。'95年4月に解雇される。
※3アラン・ホワイト　トニーに代わって'04年1月まで在籍。その後のオアシスのドラムは、ザック・スターキーを経て、クリス・シャーロック。
※4ジョン・フルシアンテ　レッド・ホット・チリ・ペッパーズのギタリスト。ドラッグ問題などのため一時脱退するも、後に復帰。
※5レニ　80年代後半に登場したバンド、ストーン・ローゼズのドラマー。'95年に脱退し、その翌年にバンドも解散。

ゴッチによる後日談

「アジカンでいうと、潔は4人目のドラマーですね。メンバー募集で応募してきたドラマーを見て、当時アジカンでもなかった潔が〝あれは違う〟とか言ってましたね（笑）」ゴ

レンタルズ
『レンタルズの逆襲』　ワーナーミュージック・ジャパン　WPCR-651
マット・シャープがまだウィーザーのメンバーだった'96年にリリースした1stアルバム。チープなシンセとディストーション・ギターが活躍する愛らしいパワー・ポップ系サウンドだったが、アルバム2枚で沈黙してマットはソロに。しかしバンドは存続している模様。

みっしぇるがんえれふぁんと

Thee Michelle Gun Elephant

ロック・バンドに恋をする瞬間

ひとめ見ただけでロック・バンドに恋をしてしまうことがある。それが深夜のテレビ番組でほんのちょっと流れただけのビデオクリップだったりすると、バンド名や曲名のメモを取る暇さえも与えてくれない。そういう場合は、次の日から友人にうろ憶えのイントロやギターのメロディを歌っては「全然わからない」と言われたり、レコードショップに出掛けるも店員にどうやって伝えたらいいかわからなかったりと、かなり大変なことになる。だから、深夜番組のビデオクリップを見る時は油断してはならない。

ただ、たまにほんのちょっとの時間でもものの凄い勢いで脳裏にこびりついてしまうこともあるから不思議だ。ミッシェル・ガン・エレファントというバンドの「世界の終わり」[※1]は、寝ぼけ半分の僕の脳天を貫いた。メモなどをとらずとも、たった一度見ただけで忘れることはできなかった。当時、音楽に対する知識も思い入れも何も持ってはいなかったが、この人たちは何かが違うと思ったものだった。

それ以来、僕はすっかりミッシェル・ガン・エレファントの虜になってしまった。ファースト・アルバム[※2]とセカンド・アルバム[※3]をこれでもかというほど聴き倒し、ライブにも足を運んだ。チケット争奪戦に参加し、上大岡赤い風船のぴあ窓口に並びもした。特にセカンドの後、「カルチャー」、「ゲット・アップ・ルーシー」、「バードメン」、あれだけ良いアルバムを作っておいて、それでもまだこんなに良い曲ができるものかと心底驚き、僕のミッシェル熱は頂点に達した。

中でも豊洲[※4]で行われたフジロックでのミッシェル・ガン・エレファントのステージは圧巻だった。制止するステージ係員を振り払ってステージを続けようとするチバユウスケ[※5]に痺れた。洋楽中心のフェス、しかもメインステージ、あそこまで堂々とわたりあえるバンドは日本にはそういないだろう。あの場にいることができて、本当に良かったと思う。

※1「世界の終わり」'96年発売のデビュー・シングル。
※2ファースト・アルバム『cult grass stars』。'96年3月発売。
※3セカンド・アルバム『High Time』。'96年11月発売。
※4豊洲で行われたフジロック　会場を富士山麓の天神山スキー場から、東京湾に面した豊洲の東京ベイサイドスクエアに移し、'98年8月1日2日の両日にわたり「FUJI ROCK FESTIVAL '98 IN TOKYO」と題して開催された。
※5チバユウスケ　ミッシェル・ガン・エレファントのボーカリスト。現在はROSSOで活動中。

ゴッチによる後日談

「僕、昔声がしゃがれてて。チバさんに似てるとか言われて〝やったぜ!〟って思ってましたね。フジロックでのミッシェルは本当にカッコよかったですね。この人たちは日本人でヘッド・ライナーになりえるバンドでしたね」ゴ

ミッシェル・ガン・エレファント
『Chicken Zombies』コロムビアミュージックエンタテインメント　COCA-50348
シングルになった「カルチャー」「ゲット・アップ・ルーシー」の2曲を含む3rdアルバム。'97年作品。基本的にミッシェルの楽曲パターンのバリエーションは多くないが、たったひとつの強力なリフだけで楽曲を成り立たせる〝ロックのツボ〟を彼らは知っていた。

むだ

無駄

ふたつの意味がある無駄

今回のテーマはひらがなの中で最もマヌケなフォルムと思われる「む」だ。ということで、「無駄」をテーマに書いていこうと思う。世の中には無駄なものが多い。ただし、無駄と言ってもふたつの意味がある。本当に必要のないものと本人にとって必要のないもの。前者の例を出すならば、明らかに食べられないモノ（食品の乾燥剤ならまだしも、電化製品なんかに書いてあったりもする）の取り扱い説明書にある「食べられません」の表示。飲み込んだりした時に「だって、『食べられない』って書いてないじゃない」と言い出すバカ対策だろうけど、明らかに無駄だ。コタツのダンボ

む
いちばんムダだなーと
思いつつやめられんモノ…

ールに書いてある、数々の間違ったコタツの使用方法も然り。無駄過ぎる。後者の場合はたくさんありすぎて書ききれない。ふとした友人の「それ、やさしさって言わないよ」というようなやさしさとか、小説や漫画や映画や、ロックだって必要のない人にとっては無駄以外のなにものでもない。僕の大好きなストロークス[※1]のセカンドだって、聴く人によっては「全部同じ曲」になってしまう。言ってみれば、世の中には、ある人にとっては無駄で、ある人にとっては必要なものがほとんどで、音楽や絵画などの表現はそういった意味で無駄が主成分なのだ。「それ意味あるの？」と聞いてくるヤツには無意味でも、こっちにとっては意味とかそんなもの、どうでもいいくらいの存在だったりもする。こういった、言語化できないところに派生する感動も、感じ得ない人にとっては無駄、もしくは無駄以下の「無」そのものなのかもしれない。悲しいかな、創作物に対する感動を共有するということは、これだけ情報過多の世界にあって、そんなに簡単なことではないのだ。ただ、万人に必要とされていないからこそ、数多《あまた》ある表現のうちのいくつかが僕らの心を掴んで離さないのだと、僕は思う。人にとっては無駄なものを、心の中で「断固指示！」みたいな、そういうことで、よくわからない自分と他人とのバランスをとったり、新しい自分を発見したりする。そのいくつかは本当に愛おしい。

※1ストロークス　'99年にニューヨークにて結成され、'01年発売の1stアルバム『イズ・ディス・イット』で世界的評価を得たロック・バンド。

ゴッチによる後日談

「この回もテーマに苦労しましたね。で、「む」もやっぱり間抜けなフォルムですよね。「む」と「ぬ」はちょっとイラッときますね。「む」がつくバンドって思い浮かばないですよね。他に「む」がつく好きなものってムーミンぐらいで。無駄に関しては、コタツに〝食べられません〟って表示があるのとか、どうかと思いますよね。普通に考えればわかるだろうっていう。こういうのが象徴してる気がする、情報量ばっかり増やして、自分でイメージすることが減っていくっていうことを。自分で考えようよって思う」ゴ

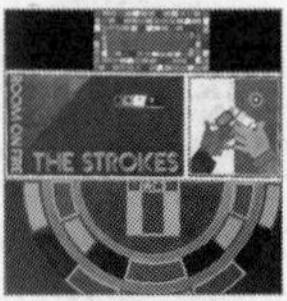

ストロークス
『ルーム・オン・ファイア』BMGジャパン　BVCP-21324
初期衝動だけでバンドを組んで好きなサウンドとメロディを見よう見まねで作ったら大人気になっちゃいました、的な自然な佇まいが素敵なNY出身者。シャープなギターとスカスカのリズム、キャッチーなメロディでブレイクしたこれが2nd。'03年リリース。

めたる

METAL

メタルの洗礼

今回は「め」だ。「め」と言ったらメタルだ。思えば僕がメタルの洗礼を受けたのは中学2年の夏だった。野球のボールを拾いに入った草むらで見つけたブラインド・ガーディアンのCDをラジカセにぶち込んで以来、僕の10代はヘッド・バンキングとライトハンド奏法で塗りつぶされ、メタル以外の音楽を受け付けない身体になってしまった。というのは全くの嘘。正直に言って、僕はメタルには相当疎《うと》い。強いて言うなら、LAメタルから派生した初期のメロディック・コア・パンクに漂うメタル臭を少しだけ嗅いだことがあるくらいのものだ。ということで、「30過ぎたらメタルも個

性」というキャッチフレーズが似合うメタル狂いの「マザーミュージック」※1ディレクター、M口氏にいろいろと訊いてみることにした。

M口氏曰く「まあベタだけど、モトリー・クルー※2とジューダス・プリースト※3はメジャーどころだから、そのあたりから聴くのが良いと思うよ。それから&%$#@＊……」とのことであった。M口氏のメタル談義は白熱し、一向に話の終わりが見えない雰囲気だったので、とりあえずジューダス・プリーストのアルバムを聴かせてもらうことにした。アルバム・タイトルの『ペインキラー』にただものではない予感がする。何しろ直訳で「痛みの殺し屋」なのだ。そして2曲目のタイトルは「ヘル・パトロール」だ。地獄の警備だ。ヤバイ。歌詞カードを読んでみると歌詞の切り口もヤバイ。1行目の歌いだしが「山火事」だ。地獄の警備が山火事から始まるなんて、考えただけでも滅茶苦茶恐ろしいシチュエーションだ。恐い。そのあたりで、僕は歌詞カードをそっと折り畳んでケースにしまい、なんとなく今日のメタル授業はここまでかなとお腹いっぱい胸いっぱい状態になってしまい、再生ボタンは押さずに、これ、今度貸して下さいと言って、M口氏が持って来てくれたCDを借りずに帰宅したのだった。

あれから約1年が経つが、未だにメタル・デビューできていない。

※1「マザーミュージック」「こ」の回を参照。

※2モトリー・クルー　80年代に絶大な人気を誇ったヘビー・メタル・バンド。代表作に『シアター・オブ・ペイン』など。'04年にオリジナル・メンバーでの復活をとげ、'05年には来日公演も行った。

※3ジューダス・プリースト　70年代から活躍するイギリスのヘビー・メタル・バンド。'05年には『エンジェル・オブ・レトリビューション』を発表し、14年ぶりの来日公演も行われた。

ゴッチによる後日談

「メタルに対しての重い腰は、まだあがりませんね。本当に申しわけないんだけど、壮大なギャグにしか思えないんですよね。時間があって、聴きたくなったらいずれ……って感じですね」ゴ

ジューダス・プリースト
『ペインキラー』Sony Music Direct　MHCP-395
70年代初頭から活動を続けるブリティッシュ・メタルの草分けにして全メタル・マニアの崇拝の的。本作は時代の波に流されかけていた'90年に放った起死回生の名作で、当時大流行のスラッシュ・メタルの向こうを張った高速轟音超絶美麗メタルのお手本である。

もりっしー

Morrissey

セクシーな歌声

暑い。そして梅雨時の湿った空気はその暑さを何倍にも増幅させて、僕はもう何にも集中できなくなってしまう。原稿もここまで書くのに何分もかかってしまった。仕方がないので気分転換に音楽でも聴こうかということになり、今回の「も」にちなんでモリッシー率いるマンチェスターのバンド、[※1]ザ・スミスを久しぶりに聴いてみた。

湿っている。梅雨時の空気も湿っぽいがスミスも負けじと湿っぽかった。それは音像というか、モリッシーの粘っこい歌い方と声のエロさによるところが多い。そして[※2]ジョニー・マーのギター。バンドの作り出す音像は繊細で物憂い雰囲気がある。セク

シーだとも言える。この湿りきった湿度70パーセントの部屋で聴くには湿りすぎかもしれない。だが、不思議とすっと入ってきて、暑苦しいという気分には全くならない。

こんなにセクシーな歌声のモリッシー、さぞかし美形なのだろうと思いきや、外見が『レザボア・ドッグス』[※3]のクエンティン・タランティーノ[※4]にそっくりでビックリしてしまう。正直言って、モリッシーとファンの皆様には申し訳ないが、明日の朝起きてモリッシーになっていたら、ちょっと困る。そう言えば２００４年のフジロック、開催直前でモリッシーの出演がキャンセルになったことを思い出した。フジロックの会場では、それを知らない多くの海外のファンが「モリッシーが出ない？　信じられない」とか「一番楽しみにしていたのに……」とやりきれない様子だった。そして我々は代役が誰かという話題で持ち切りだった。僕はこの際、中途半端な代役を立ててもモリッシー・ファンからの非難は必至なので、セレッソ大阪の森島選手がドリブルでステージに上がるのはどうかと提案してみた。「あれモリッシーじゃなくて、モリシ？」と会場が和むのではないかと。

冗談はさておき、日本には熱狂的なモリッシー・ファンがたくさんいる。次の機会にはキャンセルにならないことを祈る。

※1ザ・スミス　'82年、イギリス・マンチェスターで結成。4枚のアルバムを発表し、'87年、ギタ

リストであるジョニー・マーの脱退を機に解散。
※2ジョニー・マー　現在は、ニュー・オーダーのバーナード・サムナーとのエレクトロニックや、ザ・ザ、ジョニー・マー&ザ・ヘーローズなどで活動中。
※3『レザボア・ドッグス』'91年公開。タランティーノのデビュー作。
※4クエンティン・タランティーノ　アメリカ出身の映画監督。'94年、『パルプ・フィクション』でカンヌ映画祭パルムドール賞受賞。代表作に『キル・ビル』など。

ゴッチによる後日談

「モリッシー、人気あるなってフジの一件を見て思いましたね。僕は森島選手が好きですけどね。〝なんでそこにいる⁉〟ってくらいスピードがあるんですよ」ゴ

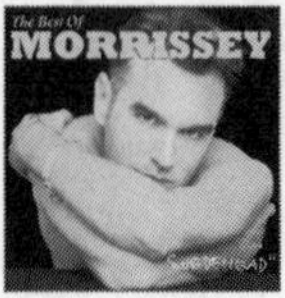

モリッシー
『Suedehead Ⅰ Best Of』東芝EMI　59665
ザ・スミス解散後の'88年から始まったソロ活動を一望する'04年リリースのベスト盤。スミス的ギターロックを引き継いだロマンティック&メロディアスなサウンドが楽しめるが、モリッシーはやはり歌詞。どん底のネガティブとユーモアが共存する唯一無二の美学。

やまもとなおき

山本直樹

不思議な温度感

いよいよこの連載もあと僅かになってきた。「『ぴあ』で連載やってみない？」とマネージャーから話があってからここまで、今思うとあっという間だった。企画も当初は「ゴッチさん、お題はロックにまつわる感じでガツンとお願いします」という雰囲気があり、あまり下らないことは書けないかもしれないと思っていたが、フタを開けてみれば脱線だらけの内容でなかなか自分らしい連載になったと思う。

そう言えば、この連載を始めるにあたってイラストを誰に描いてもらうかという話になり、『ぴあ』担当と何度か打ち合わせをした結果、山本直樹先生にお願いするこ

とになった。僕が山本先生の漫画に出会ったのは大学時代に毎週購入して読んでいた「ビッグコミックスピリッツ」で、当時は「月下の棋士」[※1]や「ピンポン」[※2]など、他の週刊コミック誌と一線を画す面白さだった。それは僕にとって全盛期の少年ジャンプ以来の「ハマった」週刊コミック誌だった。

そのスピリッツで不定期に連載されていた山本先生の漫画は正直言ってエロかった。うまく言葉にできないけれど、そのエロさの中にも僕らの普段の生活と心を覆っているような薄い曇り空みたいな雰囲気があって、生々しいけど温度感が不思議だった。「世界最後の日々」[※3]と「ビリーバーズ」[※4]という作品が印象的だったのを憶えている。そんな山本先生が僕の連載でイラストを描いてくれるというのは正直驚きだった。「山本直樹さんとかどうですかね」と『ぴあ』担当に言ってはみたものの、心の中で、たぶん、断られるだろうなと次の候補者探しを始めていたところだった。

山本先生、引き受けてくれてありがとうございます。そして、僕がテーマを決めるのがいつも遅くてすいません。原稿もいつもギリギリなので、そのしわ寄せがいつも山本先生に行ってしまっていて、心苦しい限りです。そして、今週の1枚を山本先生に選んで頂きたいのですが、お願いできますでしょうか。

※1「月下の棋士」　能條純一・著。'93年～'01年まで連載された将棋界を舞台にした漫画。'00年に

はテレビドラマ化もされた。
※2「ピンポン」松本大洋・著。'96年〜'97年まで連載。'02年に窪塚洋介、ARATA主演で映画化され、話題に。
※3「世界最後の日々」'96年2月〜3月まで連載。小学館より発行の単行本『フラグメンツⅡ』に収録。
※4「ビリーバーズ」'99年5月〜11月まで連載。現在は単行本化され、小学館より発売中。

ゴッチによる後日談

「山本さんとの話（本書掲載の対談）は面白かったですね。漫画も興味がある方はぜひ読んでみて欲しいですね。お母さんとかに見つかったら怒られると思うけど。描写がエロいので、自宅で有害図書に指定される可能性も無きにしもあらず（笑）」ゴ

ニール・ヤング
『今宵その夜』　ワーナーミュージック・ジャパン　WPCR-75091
ドラッグで急死したバンド・メンバーらに捧げる追悼盤で、ニールをはじめメンバー全員が泥酔状態で一発録りしたという'75年リリース作品。当然内容は真っ暗で救いのかけらもない鬱なロック・サウンドだが、異様に心惹かれる引力が凄い。山本直樹の選んだ1枚がコレ。

ゆにこーん

UNICORN

あの頃と同じように感動する

実家に初めてCDプレーヤーが来たのが小学校6年のこと。アイワのダブルカセットのやつで、つい最近までそれを使っていたのだが、いつしか寿命によって輸入盤のCDをたまにしか読み込まなくなり、曲のスキップと頭出しができなくなったので泣く泣く処分したのだった。

初めて買ったのはブルーハーツ[※1]の『青空』。それ以来、このデッキで本当にいろいろなCDを再生した。月の小遣いが3000円くらいだった中学の時には、お金がないのでレンタルCD屋に通っていろいろなCDをレンタルしたものだった。そして、

ユーミンからバービーボーイズ経由でユーロビートまで、野球で「ポジションどこ?」と聞かれて「センターバック」と答えるくらい守備範囲の意味不明なマイベスト・テープを作ったりもした。※2メタル・ポジションのテープでマイベストを作っていたら、「ハイポジのほうが良いらしいよ」と友人に聞かされてひっくり返ったこともあった。今はもうハードディスクの時代だもんなぁ。マイベストをMDで作っている中学生が全国にたくさんいると思うけれど、そういうのもそのうち絶滅するのだろう。そう考えるとちょっと味気ないし寂しい気分になる。あの手間のお陰で縮まる音楽との距離もあるのに。今思えば、アルバムを全部揃えたり出ている雑誌を買ったりするほどハマったバンドは※3ユニコーンが初めてだった。『服部』を友達から借りて以来、歌っていることの意味とかは正直言ってよくわからなかったけれど(大人向けで難しい歌詞だったので)、なぜかもの凄く惹かれるものがあった。アルバム『ヒゲとボイン』のころには、中日ドラゴンズの立浪選手のようなプロ野球選手になりたいと本気で思うほどのイタイ野球少年だった僕が、プロ野球選手か奥田民生になりたいと思い直すほどにユニコーンに心酔した。

中学生でユニコーン。我ながらセンスが良いなと思う。ユニコーンは今聴いてもあのころと同じように感動する。

※1ブルーハーツ　甲本ヒロト、真島昌利らによって'85年に結成。「人にやさしく」でデビュー。'95年に解散後、ヒロトと真島はザ・ハイロウズを結成するが、'05年末、突然の活動休止発表。
※2メタル・ポジションのテープ　カセット・テープの品質ランク。ノーマル、ハイ・ポジション、メタル・ポジションの3ランクがある。
※3ユニコーン　奥田民生を中心に'85年結成。「大迷惑」「働く男」「すばらしい日々」などのヒット曲を生み出す。'93年解散。

ゴッチによる後日談

「ユニコーンの曲は、やっぱり変なんですよね。プログレッシブな感じがあって、複雑だな、ひねくれてるなと思ったりとか。当時の感動が勝っちゃうけど、今聴いてもカッコイイなと思います」ゴ

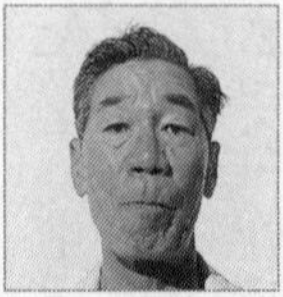

UNICORN
『服部』　SME Records　SRCL-3413
それまでの〝パンクでちょっと変わったバンド〟から、メンバー全員の個性&変態性丸出しで唯我独尊状態に突入した記念すべき3rd。'89年作品。楽曲にまったく統一性はないが、全体的にカラフル&ユーモラスなポップ性が浮かび上がる。「大迷惑」収録。

よこはまありーな

横浜アリーナ

僕らの目指すフェス

横浜アリーナで我々が主催するロック・フェスティバル、「ナノムゲン・フェス」[※1]が終わった。出演者であり主催者でもあるということで、自分たちの演奏以外の面でも考えなければならないことが多い特殊な役回りだったせいか、前日はいろいろなことが心配でほとんど寝ることができなかった。結果的に、様々な運営面での改善点は露呈したが、今後に期待できるフェスになったと思う。

特に出演してくれたバンドのパフォーマンスが素晴らしかった。トップのスパルタローカルズ[※2]は今まで見た中でも一番のパフォーマンスだったと個人的に思うし、エル[※3]

レガーデンと[4]ストレイテナーも演奏がキレていて最高だった。海外のバンドも[5]大変な事件の最中、[6]インダストリアル・ソルト、[7]ファラー、[8]ドッグス・ダイ・イン・ホット・カーズ、[9]アッシュと祖国から遠く離れた日本で本当に素晴らしい演奏をしてくれた。特にアッシュの存在感は僕をアッシュに出会った当時の18歳のロック・キッズに戻してしまうほどの素晴らしさだった。本当に涙が出そうになった。

僕らがこの横浜でのフェスに求めているのは、決して「ひとつ」の価値観を共有しようということではない。本当に1万人も人を集めればいろいろな価値観がそこには存在する。僕らは「個」という意味ではもうこれ以上小さくはなれない単位であって、そういう価値観も考え方もバラバラな「個」が集まって、音楽を通して価値観ではなく空間を共有できたら、自分以外の「個」のことも尊重できるような空間ができたら、僕は最高だと思う。それは「自分さえ良ければ」というメンタリティとは真逆の発想だし、もしそういうメンタリティをみんなが持てて、それをフェスの会場から少しずつ持って返ってくれるのなら、そんな想いがちょっとずつ社会を染めていってくれると僕は思う。

世界も社会も欲望まみれでグッチャグチャだけど、そういうフェスを目指したい。

※1「ナノムゲン・フェス」'05年7月9日、アジカン主催で開催。

※2スパルタローカルズ　'98年、福岡にて結成。最新作は『DREAMER』。
※3エルレガーデン　'98年、千葉県にて結成。最新作はシングル「Space Sonic」。
※4ストレイテナー　'98年結成。'06年3月に最新作『Dear Deadman』を発表。
※5大変な事件　'05年7月7日にイギリス・ロンドンの地下鉄やバスで起きた同時爆破テロ。
※6インダストリアル・ソルト　「る」の回を参照。
※7ファラー　イギリスのパワー・ポップ・バンド。'03年、2ndアルバム『ミー・トゥー』で日本でもデビュー。
※8ドッグズ・ダイ・イン・ホット・カーズ　グラスゴー出身。'04年に『プリーズ・ディスクライブ・ユアセルフ』でデビュー。
※9アッシュ　'96年、『1977』でデビューしたイギリスのバンド。'06年1月をもってバンドの紅一点ギタリスト、シャーロットが脱退した。

アッシュ
『1977』　Sony Music International　SRCS-2521
タイトル通り1977年生まれの〝恐るべき子供たち〟が'96年に生み出した衝撃の1st。ヒット曲「KUNG FU」をはじめ、疾走するノイズ・ギターとパンクな曲調をベースに、いかにもイギリスらしい叙情性やドラマチックな展開を盛り込んだみずみずしい作品だ。

らいぶ

LIVE

僕らにとってかけがえのないもの

最近、前にも増してライブは良いなと思うようになった。それはバンドや音楽のコンサートを指す意味でのライブでもあるが、なにより生でいろいろなものに触れることの素晴らしさを実感している。音楽などの表現というのはコミュニケーションと性質が同じで、メールや電話より直接会って話したほうが伝えたいことが伝わるように、よりダイレクトなほうが響く。演者と観客の間に起こる音楽を通じたエネルギーの交換、それはライブの醍醐味とも言える。基本的に同じライブは二度とないというのも、その魅力のひとつだ。音楽は空気の振動。だから、観客が吸って吐く息や排出された汗の蒸気が含まれた空気は、観客がひとりでも違えば別物だと言える。その時間、その場所、そしてそこに居る観客。大袈裟な考え方をするならば、生まれも育ちも違う見ず知らずの人がそこに集まった偶然と人々が共有した空間を振動させてそれを繋ぐ音楽。それが時にとてつもないエネルギーと一体感を生むから、演るのも観るのもやめられない。今年（２００５年）、僕らは3カ月で49本というライブ・ツアーを行った。もの凄くハードなスケジュールで大変だったけど、いろいろ得るものが多くて、やって良かったと本当に思う。僕らみたいな職業は人からの評価があって成り立つものだとは理解しているけど、それをストレスに感じることもあって、どうしてもたまにネガティブな精神状態に陥ってしまうことがある。だけど、ツアーに出て観客の前で演奏すること自体が僕らにとっては何よりの薬になる。僕らの住む街から何百キロも離れた遠い街でも、僕らの音楽を心待ちにしている人がいるんだということを「生」で感じることができるから、そういう意味でもライブというのは僕らにとってかけがえのないものだと思う。この原稿、レッド・ツェッペリン[※1]の『伝説のライヴ』というCDを聴きながら書いているのだけど、バケモノだね、これは。憧れるには遠過ぎる程の凄さ。

※1 レッド・ツェッペリン　'80年に解散したものの、今なお多数のミュージシャンに多大なる影響

を与えているイギリスのロック・バンド。レコードおよびＣＤの総売上枚数はビートルズに並ぶといわれるモンスター・バンド。

ゴッチによる後日談

「１０００人くらい入るライブハウスが各都道府県にできたらいいなと思いますね。そこに毎日バンドが来て、ちゃんとお客さんで埋まるくらいライブってものが定着するといいですよね。自分たちのライブは、最近変な緊張はしなくなりましたね。前はフェスとかものすごく緊張して、絶対勝ちにいかなきゃいけないなんて思ってましたけど。それが良さでもあったんでしょうけど、今は、そういう風にやってると自分たちが楽しくないから。もう少しフラットに楽しもうっていう雰囲気ですね」ゴ

レッド・ツェッペリン
『伝説のライヴ』　ワーナーミュージック・ジャパン　WPCR-11585
ブリティッシュ・ハードロックの雄として60年代末に華々しくデビューし、70年代最大のスーパー・バンドとなった伝説の４人組。絶頂期の'72年のライブを丸ごと収録した本作には、今日〝ハードロック〟として知られる要素の全てが完璧にパッケージされている。

りあむぎゃらがー

Liam Gallagher

俺はロックンロール・スター

ロック・ミュージシャンは世界中にたくさんいるけれど、「ロック・スター」と呼べる人は案外少ない。その「ロック・スター」の中でも、本格的に商業的な成功を成し遂げる前から、どこか常人ではないぶっ壊れ感を持っている人というのは、最早絶滅の恐れすらあると僕は思う。というか、そういうぶっ壊れたタイプのロック・スターがどんどん減ってきている気がしてならない。だから、ぶっ壊れたロック・スターの全盛期を生で体験できるということは現代において、かなり運のいいことだと思う。僕は運がいいのかもしれない。なぜならばリスナーとして音楽に最もハマっている時期に、ぶっ壊れタイプの最高峰と思われるリアム・ギャラガーとその才能が世に出て行く瞬間に出会えたからだ。マンチェスターのチンピラが世界のオアシスになってゆくその時を、「俺はロックンロール・スター」だと歌う歌詞が現実になっていく様を、そのエネルギーを、同じ時代の中で感じることができた。ライブももちろん観に行ったし、毎月のロック雑誌に掲載されるオアシス関連の記事を読むのが新譜の発売と同じくらい楽しみだった。リアムとオアシスの連中はことあるごとにどこかでトラブルを巻き起こし、「○○のま●こ野郎のことなんざ知ったこっちゃねぇ！」と暴言を吐く。またその暴言の日本語への訳されかたも凄くて、「オイラ」だとか「うんにゃ」だとか2行前に書いたようなセリフだとか、どの雑誌も田舎のチンピラ風な雰囲気をインタビューの和訳に盛り込んでいて面白かった。申し訳ないけれど、今月はどこで事件を起こしたんだろうなぁとか思って、雑誌のニュース欄を読んだものだった。まあもちろん、音楽での快進撃もあっての話だけど。

　カリスマ性も才能もぶっ壊れ感もすべて持っているリアム・ギャラガー。多分、至近距離で見たらおしっこチビるね。サマソニで会ったら逃げだしてしまうかもしれない。

ゴッチによる後日談

「リアムは最高ですよ。昨年（'05年）のサマソニでハグしてくれましたね。〝あなたたちの1stを聴いて、バンドをやろうと思ったんです〟って話をしたら、親指を立てて〝これからも最高のロックンロールを作り続けろ〟って言ってくれて。あぁ、ちょっと泣きそうになりますね、今思い出しても。リアム・ギャラガーは最高です。彼に会えたのは大きかったですね。堂々とやろうと思った。ロック・スターにはなれないけど、卑屈になる必要はないと思った。フェスへの挑み方も、それから全然変わりました。ステージに出ていく時の気持ちが昔と全然違いますね」ゴ

オアシス
「スーパーソニック」 Sony Music International　ESCA-6025
'94年4月にリリースされた記念すべき英国デビュー・シングル。「俺は俺でいなきゃならない／他の誰かにはなれやしないんだから」という1行目がいきなりカッコいい、ヘビーなミディアム・テンポのブルージーなロック・ナンバー。すべてはここから始まった。

るーぷ

LOOP

ふたつの『ループ&ループ』

最近（2005年8月）、頻繁にラジオやコンビニでイギリスの女性ボーカル・ユニット（というかバンド）インダストリアル・ソルト[※1]が歌う英語版の「ループ&ループ」が流れている。「あれは何？」とか、「勝手に使われているみたいですけど大丈夫ですか？」という反響があったりするけれど、決して勝手に使われているわけではないので、心配に思った母性本能の強い方々は安心して欲しい。

思い起こせば、もうずいぶん前に彼女たちのデモ音源（「ループ&ループ」は入っていなかった）を貰って「これメチャメチャ良いですね」とか言っていたのだけど、

まさか我々の楽曲をカバーするとは思ってもみなかった。しかも、楽曲が輪を掛けてポップに仕上がっていてさらにびっくりした。そして、この「ループ&ループ」がイギリス本国でも発売されるアルバムにも収録される見込みだというのだから驚きだ。正直言って、自分たちの楽曲が海外に出て行くということは嬉しい。でも、彼女たちがカバーした曲が英語圏で発売されるということより、彼女たちが「メッチャエエヤンケ」と我々の日本語の楽曲を気に入ってくれたことが何よりも嬉しい。僕らが作るのは「歌」だから言葉は重要なのだけど、その言葉には感情と共にメロディがある。言語の違う国でそのメロディが鳴って、言葉自体の持っている意味が剝がれ落ちてしまっても、そこにある感情はちゃんと音楽の音楽である部分が持って行ってくれると僕は思う。だから、英語になって彼女たちが歌ったとしても、僕らの意志はその中にしっかりと宿っている。そして、彼女たちがそういう「歌」にちゃんと仕上げてくれたことも嬉しい。

僕の個人的な意見なのだけど、歌詞というのはそれだけでは不完全な代物で、だからこそ音楽と寄り添う。表面的には歌詞が曲を表しているように思えるけど、感情は音楽に宿る。だからふたつの「ループ&ループ」を口ずさんだら、同じ気分になる。

今回は自分の話ですみません。

※1インダストリアル・ソルト　アレックス、ヘイレイのふたりで'04年に結成。'05年に1stアルバム『A POCKET FULL OF MAGNETIC LETTERS』を発表。

ゴッチによる後日談

「英語版「ループ&ループ」が、海外で売れて欲しいと思いますね。そうしたら言語的な面がクリアになるから、メロディを聴いてくれると思うし、興味がありますね」ゴ

インダストリアル ソルト
「ループ&ループ（アンダー・ザ・サンダー）」　キューンレコード　KSCP-930
ニューロマンティック世代には懐かしいカジャグーグーのニックがプロデュースしたガールズ・デュオのデビュー曲。'05年7月日本発売で、温故知新なエレクトロ・ポップが目印。アルバム『A POCKET FULL OF MAGNETIC LETTERS』も出てます。

れこーど
RECORD

温かい音で音楽を聴きたい

ｉＴｕｎｅｓミュージックストアが日本でのサービスを開始し、音楽もデジタルまっしぐらな時代になってきたけれど、そんな風潮に逆らうように、今、僕が最も欲しい音楽機器は[※1]レコードプレーヤーだ。何年か前の引っ越しの際、持っていたかなり旧式の壊れかかったレコードプレーヤーを処分してしまったのだが、ここにきて無性にまた欲しくなってしまった。

思えば、僕らの世代は小学校高学年あたりからＣＤが普及し、新しいものへの食いつきが遅いと思われる我家にも小学校6年の時にはＣＤラジカセが届いた。それから

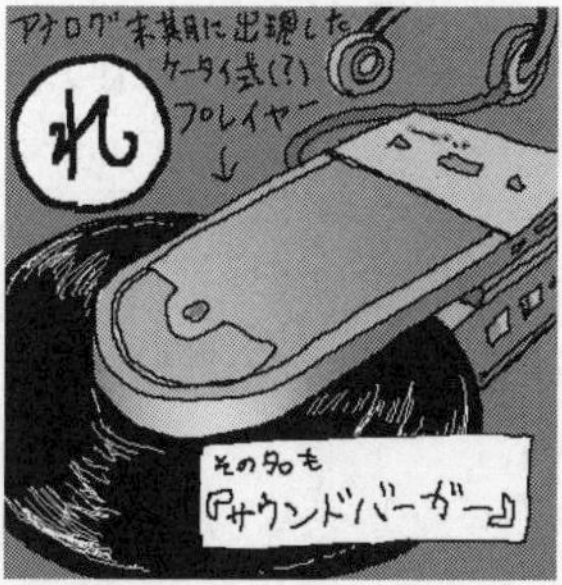

はなけなしのこづかいで駅前のレンタルCD屋「ライブ」にてCDを借り倒し、テープにせっせと録音したものだった。ウォークマンと言えばカセットテープと言う時代だった。今や、MDやMP3の登場でカセットテープ自体も絶滅危惧種になってしまったと言える。そう考えると、レコードは更に古いメディアなのだけど、未だに好んでそれを購入している人が多い。なぜならジャケットが大きくて格好良いし、プップツとノイズが入るけれどそれを含めた温かい音触りが良いからだ。

僕は浪人時代に、音のことはさておいて「なんかジャケットデカくて格好良いな」と思ってレコードを買い始めた。レコードプレーヤーは当時の僕の収入ではどうしようもなかったので、吉祥寺の露店にて、スピーカーと合わせて5000円という破格の値段で購入して、当然のように箱なんてついていなかったから、ハダカのまま担いで中央線で立川のアパートに帰った思い出がある。変なヤツだと思われただろうけど、当時はそういうのも含めて、「レコード聴くほどの音楽好き」みたいな自分を作ってそれに酔うという感覚が強かったと思う。恥ずかしいけど。

今となっては、当時のコレクター気質の高いレコード収集というのとはちょっと違う。こんなデジタルな時代だからこそ、温かい音で音楽を聴きたいと思う。

ゴッチによる後日談

「大学時代のころなんですけど、持ってたのはホームレスから買ったレコードプレーヤーで。針が折れて壊れちゃったし、汚かったんで処分しました。それ以来、買えてないです。今はちょっと家に置ける状況じゃないんですけど、いずれオーディオ関係をガッツと買い直そうと思ってます」ゴ

ニルヴァーナ
『MTVアンプラグド・イン・ニューヨーク』
ユニバーサルインターナショナル UICY-2421
＊「か」の項参照

ろんどん

LONDON

ロック・ファンの気になる街

そう言えば去年（2004年）の年末、アジアン・カンフー・ジェネレーションの面々はちょっと長めの休暇をもらい、それぞれ海外旅行に出掛けた。海外旅行は初めての僕が旅行先に選んだのは台湾、そしてギターの喜多君とベースの山ちゃんはマネージャーと一緒にロンドンに出掛けることになった。3人が年をまたいでロンドンに出掛けると聞いたときは、別に台湾がどうのこうのという意味ではなくて（実際、凄く楽しかった）、なんか響きが格好良くて羨ましく思ってしまった。「後藤さん、年末はどう過ごされるのですか？」という質問に「ああ、ロンドンでちょっと……」と、嘘でも良いから（良くないけど）そう答えてみたくなった28歳の年末だった。

ビートルズやオアシス、XTC、ザ・クラッシュ[※1]、ザ・フー[※2]、ザ・ジャム[※3]などのUKロックが大好きな我々にとって、イギリスは「行ってみたい国ランキング」の上位へ常にランクインする国だ。20世紀のロックを含むポップ・ミュージックの歴史において、その中心地のひとつだった首都ロンドン。あれだけ多くのロック・バンドを世に送り出した街には一体どんな風景が広がっているのか、ロック・ファンだったら気になるに違いない。また、ロンドンだけでなく、ストーン・ローゼズやニュー・オーダー、オアシスを輩出したマンチェスター、ビートルズやラーズ[※4]を産んだリバプール、スコットランドのグラスゴーにもいつか行ってみたいと思っている。よくよく考えてみると、個人的にアメリカのバンドよりイギリスのバンドを好む傾向にある。アメリカのバンドがどこかスーパー・ロボット的なのに対して、イギリスのバンドは「左腕がほとんど使いものにならないけど、右腕の破壊力が半端でない」みたいな、「キャタピラなのに時速100キロ」みたいな、そういうタイプのバンドが多いような気がして妙に惹かれてしまう。

今回のオススメCDはザ・クラッシュの『ロンドン・コーリング』。最高。

※1ザ・クラッシュ　'76～'86年、音楽シーンを席巻したパンク・バンド。代表作に『ロンドン・コ

ーリング』他。

※2ザ・フー　'64年結成。「マイ・ジェネレーション」などの名曲を生み出したブリティッシュ・バンド。

※3ザ・ジャム　'77年に『イン・ザ・シティ』でデビュー。モッズ・ファッションの立役者的存在としても知られる。

※4ラーズ「ゼア・シー・ゴーズ」が大ヒットしたものの、アルバム1枚を残して'91年解散。'05年の「サマーソニック05」で再結成され、大きな話題を呼んだ。

ゴッチによる後日談

「ロンドンに留学したいと思ってたこともあるんですけどね。今年の夏くらいにゆっくり行きたいとは思ってます。1カ月くらいふらふらしてこれたらいいんですけど」ゴ

クラッシュ

『ロンドン・コーリング』Sony Music Direct　MHCP-889

70年代後半の英国を沸騰させたパンク・ムーブメントを代表するバンドが、パンク・スピリットを失うことなく幅広い曲調に挑戦した歴史的名作。スカ、レゲエ、ソウルなどを大胆に取り入れた踊れるサウンドと、激しい政治的メッセージとの共存は今も十分に衝撃的。

わーるどわいど

WORLDWIDE

英語でのコミュニケーション

今回は「わ」ということで、「ワールドワイド」というのをテーマに書いてみたい。この夏（2005年）は海外のバンドを自分たちのイベント[※1]に呼んだり、サマーソニックやフジロックの楽屋裏でいろいろな海外のアーティストとの交流があったりと、少しだけ世界（と言っても英語圏の話だけど）というのを意識する機会があった。海外で演奏してみたいなぁとか、そういう気分になったという意味も少しあるけど、実際には海外のアーティストと英語でのコミュニケーションがほとんどとれない自分に気づかされたことが、一番大きな発見だった。好きなアーティストに会って、ミュージシャン同士という立場で会話できる良いチャンスなのに、言いたいことや伝えたいことの半分も話せなかったのが残念でならない。ということで、現在、英会話の研修を我々の敏腕マネージャーに「誰か良い講師はいませんか?」と打診している。一応、英会話教室に通うことも考えてはみたのだけど、スケジュール的に厳しそうなのと、今さら駅前留学はいろいろな自意識が邪魔をして恥ずかしいのではないかという理由からメンバー内で却下となった。できたら週1回くらいで、レコーディングの合間でも出張可能というように時間に融通が効いて、しかも月謝が800円くらい(「それはいくらなんでも安過ぎる」という場合は応相談)で我々に英語を教えてくれる首都圏在住の英語が母国語という外国人の方、連絡をお待ちしております。

ここからは後日談。我々はオーストラリア出身のナイスガイを講師に迎え、月に3、4回のペースで英会話教室をスタートさせた。母国語以外の言語を使ったコミュニケーションは本当に難しい。でも楽しいというのも素直な感想だ。どんな質問に対しても(例えば、AとBではどっちが好きというような)、「イエ〜ス!」と答えている潔に爆笑したりしながら、我々の英会話は、ほんのちょっとだけ上手くなった気がする。でも、まだまだ、これから。

※1自分たちのイベント「よ」の回を参照。

ゴッチによる後日談

「この原稿を書いたあと、英会話をみんなでやってたんですけど、最近は忙しかったんででてないですね。また再開したい。外国人のメンバーとか入れようかな（笑）。それくらい継続して話さないと、ダメですよね。もうちょっと話せるようになりたい」ゴ

ワタシ・ワ

『ザ・ラヴ・オブ・ライフ』東芝EMI　TOCP-66245

カリフォルニア出身なのになぜバンド名が日本語なのかは不明。疾走感あふれる明るいギター・ポップからピアノを入れた哀愁ナンバーまで、アメリカ好きにもイギリス好きにもイケる親しみやすい楽曲を揃えたサウンドが好感度大だ。'03年リリース作品。

を

wo

「を」は最大の難関

さて、今回は「を」ということなのだけど、全くもってテーマが見当たらない。よくよく考えれば、「を」で始まるロックにまつわるテーマなんかあるわけがない。国語辞典ですら「を」のページは1ページもないのに、ロック用語だけたくさんあってたまるかと。なので、今回は誰にも聞かれてもいない近況を、勝手に報告したいと思う。

我々、アジアン・カンフー・ジェネレーションは現在、サード・アルバム[※1]を制作している。ロック・バンドにとってサード・アルバムまでというのは非常に大事だとい

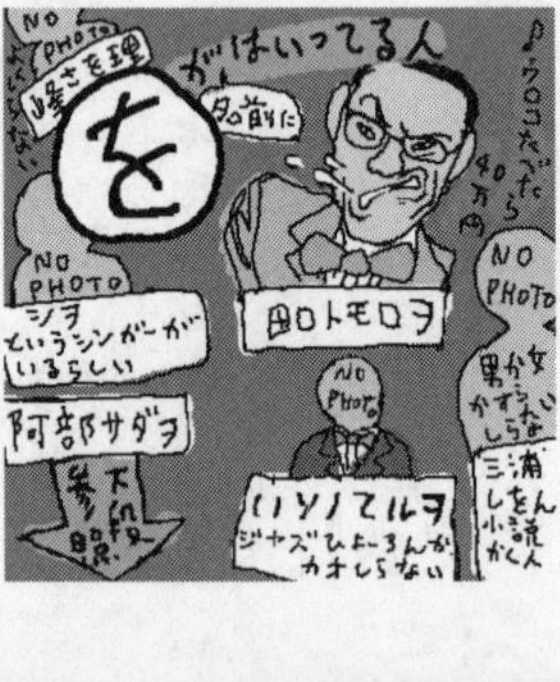

うのが僕の持論なのだけど、それはなぜかと言うと、大体、そのメンバーの人間的なパワー・バランスが元になった化学変化のピークがそこにあるからだ（半分、暴論だけど）。全く別の人間が集まってやるバンドというのは、やっている本人たちでも実態がなかなか摑めない。だから方法を模索して、様々な表現手法を手に入れる。たとえると説明しやすいのだけど、言うなら10代のほうが飯を食った時にダイレクトで骨になりやすいってこと。運動してから30分後にプロテインを飲め、みたいな。もちろん、僕らはこれからも一歩一歩前に進んで成長していくのだろうけど、「牛乳をガブ飲みしたら、今、一番背が伸びる」的な予感を今、感じているし、「バレー部に入ったから背が伸びるはずだ」的ないわれのない自信もある。朝礼ではいつも最前列のアジカンはスタジオで、腰に手を当ててるポーズばかりやっている現状というのを打破したくて、いつか「『前習え』をやれるポジションに移動してやる」と手を必死に前に伸ばして、来るべきその日に向かって練習をしているわけなのだ。

サード・アルバムと言えば、意欲作と言われる名盤が多い。レディオヘッドの『OKコンピューター』とか、クラッシュの『ロンドン・コーリング』とか。もうこのふたつは名盤中の名盤。そんな中、今回紹介するCDは、同じページで連載していた破壊さんが所属するバンド、[※2]グループ魂の『荒ぶる日本の魂たち』。

※1サード・アルバム『ファンクラブ』。'06年3月15日発売。「ん」で紹介。
※2グループ魂　人気脚本家・宮藤官九郎や俳優・阿部サダヲら、松尾スズキ率いる劇団「大人計画」のメンバーを中心に'95年結成。代表作に「竹内力」「君にジュースを買ってあげる♥」など。

ゴッチによる後日談

「「を」も絶対ないですよね。近況を書いていいっていうことだったんで、こういう内容にしたんですけど、いいサード・アルバムが完成しました」ゴ

グループ魂
『荒ぶる日本の魂たち』ミディ　MDCL-1461
破壊こと阿部サダヲ、暴動こと宮藤官九郎など危険なメンバーがズラリ揃ったパンク&ハードコア&お笑いバンド。80年代カルチャーへのオマージュから呆れた下ネタまで、時にはコントを駆使してこれでもかと攻めまくるエンターテインメント魂に脱帽。'04年作品。

あじあんかんふーじぇねれーしょん

ASIAN KUNG-FU GENERATION

音楽と一緒に転がりたい

前回にも書いたとおり、僕らは現在レコーディングを行っている。正直言って、演奏技術や楽曲のクオリティはもちろんのこと、客観的に観た自分の才能や内面とかいう自分の中の面倒臭い部分と向き合わなければいけない瞬間が曲作り中にはたくさんあって、精神的にも肉体的にも「しんどいな」と思うことが多い。それでもやっぱり音楽が好きだし、そうやって自分と向き合って生まれた楽曲はいつも僕の背中を押してくれる。自分が自分でいられるのも、こうやっていろいろな感情にまみれながら音楽を作っているからだと本当に思うから、まだまだ僕らはこれからも音楽を続けてい

ん
ほぼ一年間、ご愛読
ありがとーございました

くのだろうと思う。そう言えば、インターネットが普及してからというもの、誰でも簡単に自分の意見を世の中に向けて発信できるようになったせいか、音楽に対して批評的なスタンスの人が増えたような気がする。自分がライターかエッセイストにでもなった気分を味わえるブログは便利である半面、自分のことは晒さないのに他人の非（正確には非と思わしきところ）を嘲笑したり中傷したりすることも簡単にできる。匿名性が高いというのもそれに拍車をかけて、インターネット自体が、純粋に素晴らしい発明品だとはちょっと言いづらい（本来は素晴らしい発明であるはずなのに）。僕自身も、自分の中で音楽に対する誤まった批評性が高まった時期があった。マニアックなものを知っていること自体に優越感を抱いたり、何かを批判することでアイデンティティを得たような勘違いをしていたりした。最近はそういったことを考えるのはやめにして、純粋に音楽に浸かることにした。その日の気分とか、その時の趣味や嗜好だとか、そういうのにしっくりくる音楽と出会って、楽しくなったり、悲しくなったり、いろいろな気持ちが音楽によって現れる。それを普段の生活の糧にする。そしたら、もっと音楽が大切なものになった。これからもそうやって音楽と一緒に転がりたい。そして、いい曲を作りたい。アジアン・カンフー・ジェネレーション。

ゴッチによる後日談

「連載終了。よくやったな、って思いましたよ。建ちゃんがよく言うんだけど、建ちゃんは何かをやる時に、自分の好きなロック・スターだったらその仕事をやるかどうかを考える、って言ってて。それを俺も自分に当てはめて考えてみたんだけど、やらないですね（笑）。リアム・ギャラガーはこの連載やらないだろうと思ったけど、僕はこうやっていろんなことを発信していく役割なんだと思うからね。それはそれでいいかなと思って。これを読んで思うところがある人もいるだろうし、コレクションとして集める人もいれば、面白いなって思って読んで、いい意味でプラスになっていく人もいるだろうし。正直なところ、俺頑張ったなぁと思いますね」ゴ

ASIAN KUNG-FU GENERATION
『ファンクラブ』 キューンレコード KSCL-945
前記のレコーディングで完成したのが、３rdアルバムとなる本作。歌としてのポップさはありつつ、バンド・アンサンブルや楽曲アレンジからはプレイヤーシップの確かな高まりが感じられる。「個」としての内側を掘り下げていく歌詞の鋭さも今まで以上に際立っている。

■オマケ語録

ツアー

TOUR

直にその土地の人々と音楽で繋がりたい

できることなら、なるべく多くの人の前で演奏したい。常々、そう思っている。だけど、それは一気に数を集めて見せたいという意味ではない。自分たちのキャパシティの範囲内でしっかりと観客とコミュニケイトできる会場を選び、なるべく全国各地を回って、直にその土地の人々と音楽で繋がりたい。我々がツアーに出るのはそういうことだ。

思えば、我々が初めてツアー(らしきもの)に出掛けたのは、インディーズ・レーベルからCDを出す前のことだった。場所は神戸。アートハウス、スタークラブとい

うふたつのライブハウスでライブを行い、2泊3日で帰って来る、「ただの遠征じゃないの」と突っ込まれるような小さな規模のモノであったが、我々にとっては紛れもないツアー（そういう気分だから仕方ない）だった。もちろん、客は全くのゼロ……と言ったら大間違いで、自主制作CDを我々のウェブサイトから通信販売で購入してくれた十数人がライブ会場に足を運んでくれたのだった。全くの無名と言っていい僕らのライブ。東京だって酷い時には5人くらいの観客だったこともある当時、それは本当に嬉しいことだった。

神戸まではレンタカーで出掛けた。普段使っていた喜多家所有のワゴン車では辿り着ける気がしないと言うか、生命の危険を感じたからだ。運転をメンバーで交代しながらの道中は、何を血迷ったか東名高速でペーパードライバーの僕がハンドルを握った区間以外は楽しい遠足みたいなもので、豊橋あたりの変わった名前のラブホテルの名前にキャッキャキャッキャしていると、あっという間に神戸に着いた。何もかもが嬉しくて興奮していた。今では当たり前のように、全国各地で僕らのライブを観たいと思ってくれる人がいる。これはとても幸せなことだ。そして、それは文字通り「有り難い」ことで、実は当たり前のことなどではないということも下積みの長い我々は知っている。我々の全国ツアーは、初めて出掛けた神戸の延長だ。心待ちにしてくれる人々に会うのが楽しみで仕方ない。

くるり
「ハイウェイ」　SPEEDSTAR RECORDS　VICL-35580
映画『ジョゼと虎と魚たち』主題歌として、くるりの名を一般層へと広げた'03年のシングル。淡々とした心地よいリズム、サビらしいサビをあえて排した穏やかなメロディ、旅情あふれる前向きな歌詞と、彼らの特性がセンスよくブレンドされた名曲。後藤が旅を連想する1曲。

初ライブ

First Live

恐怖!?の初ライブ体験

　僕はＣＤで聴いて感動した音楽を、どうしても生で聴きたくなってしまうタイプの人間だ。それは歳を重ねるごとにエスカレートしているのかもしれない。例えば、イヤフォンで振動する耳の中のごく僅かな空気より、自宅のスピーカーで振動する居間の空気のほうが音楽の聴き方として好きになったように、そこにある空気、人、その全てが振動している瞬間、振動させている音楽、そういうこと自体に感動を憶えるようになった。

　思えば僕が初めて自分でチケットを買ってライブを観に行ったのは浪人生の時だった。場所は新宿のリキッドルーム。当時、洋楽にハマり始めたばかりの僕は、一度も大きなライブハウスに行ったことがなかった。唯一の経験として、高校生の時に静岡の小さいライブハウスにロカビリー・バンドのライブを観に行ったのが一度だけ。静岡の田舎育ちということで都会に全く免疫がない僕にとっての新宿歌舞伎町、そこのライブハウスに行くということがどれほどの冒険だったか、田舎育ちの人にはきっとわかると思う。

そんな冒険に対する恐怖心に拍車をかけたのは「ライブハウスは恐ろしい」という田舎から持って来た知識だった。「ライブハウスはパンチとキックが飛び交う危険な場所だ」という高校時代に友人から得た情報は、都会で生活する田舎者の不安と相まって、「新宿はスリとカツアゲのメッカだ」と思い込むまでに発展していた。そんな妄想を胸に下宿先の立川から中央特快に乗って辿り着いた新宿の街はギラギラして見えた。

やっとの想いで辿り着いたリキッドルームは「ランシド最高」などという血文字のような恐ろしい落書きだらけで、恐怖で震え上がりながら会場まで延々と階段を登った。「恐いうえに体力まで奪うとは鬼か悪魔が経営しているに違いない」と考え、逃げ出したい気分にもなった。その後の詳しい状況は紹介するリーフの音源に収録されているので、チェックしてみて欲しい。

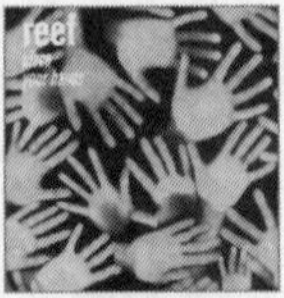

リーフ
「プレイス・ユア・ハンズ」　※現在は廃盤
男くさいブルースとファンクを武器に90年代を駆け抜けたUK産4人組。'96年日本リリースのシングル「プレイス・ユア・ハンズ」には、同年2月の新宿リキッドルーム（当時）で観客がステージに上がる大混乱の模様を含むライブ音源をボーナス収録していた。

アイポッド

iPod

僕はずっと「それ」を考えている

ｉＰｏｄなどの携帯オーディオ・プレイヤーが急速に世の中に普及したのは２０００年代のここ数年のことだが、とりわけ２００５年になってその勢いはピークに達したように思う。比較的安価なものが出て来たというのもあるが、大学在学当時に20万円のローンを組んで買ったコンピュータの4倍近い容量のハードディスクが搭載されて3万円なのだから驚きだ。しかもポケットに入ってしまうというコンパクトサイズなのだから、科学の進歩は恐ろしい。僕の携帯オーディオ・プレイヤー遍歴はと言うと、高校卒業時にＣＤウォークマンを買ったのが初めてで、それ以来、３台のＣＤプ

レイヤーと1台のMDプレイヤーを経て、現在（2005年）ではiPodを使っている。思えば、コンビニにて1500円で買った2台目のCDプレイヤーは歩くだけでも音がブツブツと飛んでしまい、「電化製品は安価なほど性能と価格が比例する」ということを思い知らされた酷い代物だったが、MDになってからは滅多なことでも音が飛ぶことがなくなったし、今や携帯オーディオ・プレイヤーにおける「音飛び」は絶滅したと言ってもいいくらいだ。サウンド自体もどんどん良くなっている。ただ、こういった音楽のデジタル化で失われるものもある。例えば、我々がスタジオで意図的に設定した曲間はハードディスクの中ではその意味を失ってしまう。アルバムの曲順も然り。これらはカセットテープの頃から不要な人には不要なモノだったけれど、そういう向きが加速したように思う。

僕はこれからアルバムという音楽の発表形態が大きくわけてふたつにわかれると思っている。ひとつはベスト盤という方向性。これは遅かれ早かれ音楽配信に吸収される。そして、数曲でひとつの作品として意志を持った本来の意味でのアルバム。最高の1曲と最高のアルバムはどちらが表現として優れているのかは僕にはわからない。最高だけど、創る側の僕たちはもっと発表の形態に対し自覚的になって、音楽に取り組まなければならないと思う。僕はずっと「それ」を考えている。

ビートルズ
『サージェント・ペパーズ・ロンリー・ハーツ・クラブ・バンド』
東芝EMI　TOCP-51118
'67年という〝LOVE&PEACE〟の時代の最高のサウンドトラックとして、永遠に語り継がれる名盤。サイケに染まったサウンド、イマジネーションあふれる歌詞、ポップを極めたメロディとが絡み合った大作で、世界に与えた衝撃度はビートルズ作品中でもNo．1。

お酒
ALCOHOL

音楽を聴く時のお酒

僕はお酒が好きだ。理由は自分でもよくわからない。そして、いつからお酒が好きになったのかも、実際のところよく憶えていない。

お酒をよく飲むようになったのは大学に入ってからのことだ。僕は夜間（つまり二部）の学生だったので、授業が終わるのがおおよそ９時。軽音楽部の部室にいる先輩に誘われて、授業終了後、駅前の居酒屋に寄るのがいつの間にか日課のようになってしまったのだった。１杯２５０円で３杯も飲めばへべレケになれる濃度のチューハイ（生ビールは４５０円もしたので、ブルジョアの酒だと注文を禁止されていた）と、

チェーン店にあるまじきメニューの少なさと破格の値段に設定された肴の数々。会話の内容はロックが中心で、時には政治や社会情勢の話もしたし、もちろん、モテない男たちの妄想Y談もあったし、先輩の武勇伝などを聞かされたりもした。毎晩の飲酒は何と言うか、持て余した時間を潰していたようにも思うし、真っ直ぐ家に帰ったら待ち構えている孤独から逃げる術でもあったけど、将来のことなんかを考えたら底抜けに悲しいし不安なだけだから、気を紛らわせたくて居酒屋に通っていたのだと思う。そこで酔っぱらって話したことのほとんどは忘れてしまったけれど、触れ合った仲間は今の僕にとって大切なもののひとつだし、経験は僕の一部でもあるのだ。

でも、今から思えば、お酒を飲んで楽しく過ごすことはできても、お酒自体では僕の不安や焦燥とかいうモヤモヤした気持ちは消すことはできなかった。気が大きくなったりするけど、もちろん、スーパーマンになれたりはしない。そんなことにある日気づいて（いつ頃だったか定かではないけど）、僕は演奏する時や音楽を創る時にお酒を飲むのをやめた。シラフのまま、何の力も借りずに、音楽で真っ白になってしまいたいから。何者でもないそのままの僕自身として。とかなんとか偉そうなことを考えながら、先輩に教えてもらったレーナード・スキナードをほろ酔いで聴く。音楽を聴く時のお酒はアリだなと思う。

レーナード・スキナード
『セカンド・ヘルピング』　ユニバーサルビクター MVCE-19302
70年代アメリカ音楽を語る際には外せない、サザン・ロックの雄。のちに飛行機事故によるメンバーの死で解散に至る悲劇のバンドだが、代表曲「SWEET HOME ALABAMA」を収録した'74年発表の本作を含め、全作品がロックの古典として聴きつがれている。

将来

FUTURE

将来の不安

　自分の将来というのは誰でも不安なものだけれど、社会と自分の距離感を感じ始めるのは、高校2年くらいからではないかと思う。もちろん、僕もないアタマを振り絞って、将来、何になりたいか考えてみたものだった。

まず初めに思い付いたのは、専門学校に行って服飾の勉強をすることだったが、これは両親に反対されて断念。仕方がないので、「やっぱり大学進学かなぁ」くらいの軽いノリで大学進学を目指すことにした。しかし、当時、僕は落ちこぼれで、テストの順位が分母より大きくなるという珍事件（先生に「受験人数より順位が下なのはお

かしい」と説明すると「どうせビリ」とのことだった）を巻き起こすほどだったので、合格しそうな大学が見当たるはずもなかった。そんな僕にもひとつだけ好きな科目があった。生物だ。これだけは何だか興味があって、そこそこ良い点数を取っていたので、これに賭けてみることにした。が、ここでも問題勃発。生物などを受験科目とする学部は、おおよそ理系に属する学部だったのだ。それに対して僕が通っているのは文系クラス。高校1年の最後に「理系じゃなくて良いのか」という担任教師の忠告を突っぱねてまで文系を選んで、挙げ句の果てに理系の大学に行こうとしている無軌道ぶり。今から考えても酷いとしか言いようがない。それでも一応、半理系という謎のスタンスを持つ農学部という救世主を発見し、今までにないくらいのモチベーションを持って勉強に取り組み、なんとか平均点くらいまで成績が回復した。最終的には合格する気満々で試験を受けたのだが、僕が現役で大学に合格することはなかった。当たり前の話だ。考えが甘過ぎる。そう言えば、不思議なことに当時はロックに興味がまるでなかった。持っていた洋楽のCDはパンク・キッズでもないのにバッド・レリジョンのみ。その後、東京に出てモラトリアムにどっぷりと浸かり、そして自分でやりたくなるほどロックにハマるとは思ってもいなかった。というか、計画性のない僕には、いつの間にかロックしかなくなってしまったのだけど。

バッド・レリジョン
『ノー・コントロール』Sony Music International ESCA-6154
速い、熱い、メロがいいという三拍子揃った'89年リリースの代表作。90年代メロコア・ブームの先がけとも言える作品の良さもさることながら、バンドとしてもエピタフ・レーベルを設立して後進のバンドに道を開いた裏方的功績が非常に大きい。

カンフー映画

Kung-Fu Movie

カンフー映画が大好き

バンド名に「カンフー」が入っている理由をよく聞かれる。答えは簡単。カンフー映画が大好きだからだ。高校生の頃までは、カンフー映画といえば金曜ロードショーなどで繰り返し放映されるジャッキー・チェンだった。ジャッキーの映画はアクションや笑いも含めて、非常によく出来たエンターテインメントだ。恋という要素までうまくちりばめてあるものもあり、また、家族で見ても楽しいという素晴らしいポピュラリティを持っている。僕と同年代の人々は幼い頃、何度もジャッキー・チェンの映画（特に『プロジェクトA』）をテレビで観ているはずだ。吹き替えはいつも石丸博也。そう、ドラえもんが大山のぶ代であるように、ジャッキーの声は石丸さんでなければならない。話は飛んで浪人時代。持て余す暇を塗りつぶすように、音楽だけでなく映画（お金がないので、レンタルビデオ）もよく観るようになっていた。とりあえず、時間だけは腐るほどあったので、いろいろなジャンルのビデオを借り、アイワのテレビデオにブチ込んで、とにかくダラダラと観た。そんな中でハマったのがブルース・リーだった。とにかく、ブルース・リーの映画は、ブルース・リー本人の肉体やアクションを格好良く、そして美しく記録するという点において、恐ろしくストイックに僕の眼には映った。ストーリーやギャグのレベルはお世辞にも高いとは言えないけれど、その歪《いびつ》なバランス感覚が、逆に魅力的に見えてしまった。「最高すぎる」。最も高い評価を文字どおり過ぎてしまうほど感動し、部屋に大きなブルース・リーのポスターを貼り、バンド名に「カンフー」の文字を組み込もうと考えるほどに心酔した。最近は昔のように、腐るほどの暇という時間がないけれど、いろいろなカンフー映画がＤＶＤで発売されるようになったので、思いつくままにコレクションを開始することにした。とりあえず、『プロジェクトＡ』の限定ボックスに付いていた写真集が、画面をコピーしたような代物だったことにビックリしたけど、そのＢ級感に感動を憶えてしまう自分が好きだったりもする。

オリジナル・サウンドトラック

『Enter The Dragon』※輸入盤

'73年公開のブルース・リー主演『燃えよドラゴン』のサントラをリマスターした再発盤。誰もが知っているテーマ曲をはじめ、作曲を手がけたのは『ダーティー・ハリー』シリーズや『スパイ大作戦』などでも知られる作曲家、ラロ・シフリンである。

映画
MOVIE

〝俺だったらああするなぁ〟

映画を撮ってみたい。公の場でそう話したことはないけれど、大学時代は常々、そうメンバーに言っていったので、今さらそういうことを言っても僕の周りでは誰も驚いたりはしない。

当時は時間もたっぷりあったので、原稿用紙を買って来て、わけのわからない脚本まがいの酷い代物の制作に励んだこともあった。確か、19歳の時だったと思う。知識もアイデアもイメージも文章の技術もボキャブラリーもない、ナイナイシックスティーン状態の僕が書いた（というか書き損ねた）話は、主人公がある日、自転車で疾走

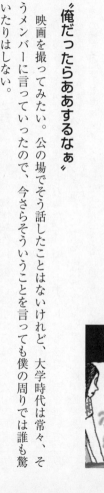

中に突然、犬になってしまうという、「オレがアイツでアイツが犬で」みたいな、なんというか今から思い出しても赤面するしかない飛び道具的SF作品だった。そして、その犬になった主人公が、自分の大嫌いな俗っぽい女の子の心の影に触れるというストーリーだった。このあたりの安っぽいドラマも赤面ものだ。もちろん、途中で「これはヒドすぎる」と自分で判断し、脚本制作は完全に挫折することとなり、原稿は丸めて捨てたのだった。

バンドでデビューしてからは、前述のような映像への興味もあって、PVの監督というものも一作品だけやらせてもらった。一応、下手なりにも絵コンテを書いてはみたものの、自分の書いた絵コンテ通りにするには恐ろしいカット数が必要となり、「その都度照明をセッティングしたら、お金も時間も足りないよ」ということが露呈され、かなりの修正が入るという結果に至った。やる気だけが空回ったかたちだ。

以上のことを踏まえて想像するに、映画を撮るというのは相当難しい。最早、「映画を撮りたい」ということに関しては9割9部9厘9毛、挫折したと言ってもいい。でも、やっぱり憧れてしまう。それは映画が音楽や映像や文学を含めた非常に高度な表現であると、僕は思うからだ。

まあでも、年に何本か映画を観て、「あそこ、俺だったらああするなぁ」とか言って失礼な妄想に浸るだけでも楽しい。素人のくせにね。

オリジナル・サウンドトラック
『リアリティ・バイツ』　BMG JAPAN BVCM-31135
ウィノナ・ライダー、イーサン・ホークらが出演し、'94年に公開された胸キュン青春映画のサントラの10周年記念盤。オリジナルより6曲増え、リサ・ローブ、ダイナソーJr.、ポウジーズ、U2、レニー・クラヴィッツなど、ハズレ曲ゼロのサントラの鑑である。

■アジカン・ロック面談

10枚のCDでロックを語る①

喜多建介×後藤正文

喜多　今回は、ゴッチが今まで名前は知ってるけど聴いてないのとか、全然知らないであろうものを持ってきました。共通で好きそうなのはもう勧めてるから、選ぶの難しかったなー。

後藤　でもたまに外すよね。クラップ・ユア・ハンズ・セイ・ヤーなんか、オレも好きなはずなのに教えないで。あとで聴いたらスゲー良くて、バカ野郎と。

喜多　俺は好きだけど、ゴッチはまあまあかなって思ったら、逆だった（笑）。なので、ゴッチはこうだろうっていうのは気にせず、俺が好きなのを勧めていこうと。じゃあ、最初はエイジアン・ダブ・ファウンデイションから。

後藤　こういうダンス括りのって家であんま楽しめないんだよ。たぶん歌ものが好きだからかな。正直、ビースティ・ボーイズとかもそんな憧れないんだよね。レイジ・アゲインスト・ザ・マシーンとかもさ。潔

（伊地知）や建ちゃんが良いっていうのも、すごいカッコいいのもわかる。でも、歌とかでは盛り上がれなくて。エミネムとかチンプンカンプンだし。
喜多　確かにこういう音は、メロディというよりは、ラップやノリだもんね。まあ、俺もラップに強いわけじゃないけどさ。
後藤　でもライブで観ると楽しいんだよね。これは、名前にはビックリした。このジャケ、先輩から見せてもらってド肝抜かれた。エイジアン？　アジアン！　って（笑）。誰ともバンド名が被らないと思ったのに。ホント知らなかったからさ。
喜多　似てますねって実際言われたよね。で、彼らが、'98年のフジロックに出るって時に見たんだよね。思ったよりバンドっぽかった。すごい盛り上がっててさ、普通のコテコテのロックバンドとノリが違って、お客さんがステージ見ないでなりふり構わず踊ってた。あ、こういう世界もあるんだって衝撃を受けて。3曲目の「ブラック・ホワイト」を聴いてもらおうかな。
後藤　ライブでゴリゴリに聴こえたし、もうちょっとハードなイメージがあったんだよね。それで敬遠してたかも。でも、今聴くとカッコいいね。当時はわからなかった。
喜多　なんだかんだいってポップなのよ。
後藤　ブラック・グレープも好きだから、こういうノリも聴けるはずなんだよな。（裏ジャケ見ると）あれ、曲名にピンク色の

蛍光マーカーが塗ってあるけど?

喜多　これは、未来の俺に向けて塗ってたの（照笑）。これから家にCDが増えていって、どれが良い曲かわからなくならないように、これって曲に印をつけようと思った時があって。

後藤　今日のオチが一番最初に出ちゃったじゃん（爆笑）。じゃあ、過去の俺から未来の俺への感想聞かせてよ。

喜多　これもカッコいいけど、聴いたら他の方が良かった（苦笑）。まあ、iPodにも入れた曲だし……っていうか、その行為自体が恥ずかしいな（照笑）。

後藤　〝恥ずかしい俺も知ってくれ〟って意味も込めて持ってきたんでしょ（笑）。

喜多　違うよ。このエピソードは話す予定じゃなかったのに（笑）。えー次いこう、ビートルズ。一時期〝アンソロジーシリーズ〟って、別バージョン集が出てて、今回はその『2』です。聴いてもらうのは「アンド・ユア・バード・キャン・シング」の別バージョン。歌いながらジョンが笑っちゃってるんだよ。

後藤　ほんとだ！　こんなの俺らが出したら怒られるだろうな。普通に聴いてたバージョンと全然違うね。

喜多　でしょ。別バージョンものは聴いて楽しいし、こうしたら曲の無駄な部分がなくなっていくんだって曲作りの勉強にもなるなって。

後藤　それは俺に勉強しろってこと?

喜多　いや、面白いから一緒に盛り上がろうよって気持ちで持ってきたんだよ（笑）。

後藤　そうか、ありがとね。

喜多　続きましてエリオット・スミス。何年か前に、僕らの好きなソフトタッチってバンドのライブがあって、そのボーカルの佐野君が誰かに「エリオット・スミスみたいですね」って言われてるのを聞いたことがあって、それで買ってみたらすごく良くて。何枚かある中でもこれが一番好き。声が良くて曲もすごい良い。ゴッチもアコギ弾くじゃん。好きかなって。
後藤　あー、これも、勉強しろってことだ。
喜多　だから一緒に盛り上がろうってだけだからさ（笑）。
後藤　良いね、これ。喜多君がいない時に聴きたい（笑）。
喜多　でもこの人は、大勢で聴くよりもひとりで聴く感じ。その流れでロン・セクスミス、ベン・クウェラーとか、ひとりのシンガー・ソングライターものも聴くようになって……。
後藤　（話を遮り）俺もブライト・アイズ聴くよ。ひとりの人のを聴かないわけじゃないよ。さかのぼれば大江千里、KANしないでよ！
（照笑）、ニール・ヤングも聴くし、バカに
喜多　してない。ほら、一緒に盛り上がろうと思ってさぁ。
後藤　そういうことね（笑）。
喜多　うん。さて次はジェームス・コットン・バンド。これはツアー中に、CD屋でプッシュされてて、聴いたらメチャ良かった。明るくて楽しいです。ハーモニカの人なんだよね。
後藤　うまいな演奏が。大学の部室で先輩が流してたような音だ。俺らこんなのばっか聴かされてたよね。軽音の先輩はブルースマンが多くて、ジャムってるのも聴いたし。オレらの練習来ては「全然ダメだ」って言われてた（笑）。そのころは、キー決

めてジャムるのとか、自分らが挑戦してもできなかったし。

喜多　先輩の音もすごかったけど、それよりも考え方が好きだった。音楽に対するアティチュードが。居酒屋で先輩同士の話に、俺らは感動しまくってて。そういうとこから、音楽に対する心構えが形成された感じはあるよね。

後藤　その人たちがいたおかげで、僕らもバンドの考え方を教えてもらった。決して良い先輩ではなかったけど。

喜多　大学に缶ビール片手に来ちゃうような人たちでさ（笑）。

後藤　だけど、音楽には真摯で熱かったから、良いバンドやいろんなこと教えてもらった。例えば、誰かがソロを弾いている時、誰が主役か考えて周りも演奏しろって言われた。その時はわからなかったけど、今アンサンブルを考える時とか、そうだよなって思うし。メンタリティも大事だって言われたね。気持ちがないとダメって。うまい人たちがそう言うから、余計説得力があって。未だにすごい人たちだって思うよね。

喜多　この間久々に一緒に飲んだら、話の内容も筋通ってるし、やっぱすごかった。先輩の好きなミュージシャンを聴いてみたくなったもん。

後藤　こういうブラック系も、当時はなじめなかったけど、今はどうすごいかわかるようになったし、いずれこっち系はやってみたいな。

喜多　黒いノリはこれから勉強だね。さて次は、去年話題になったM.I.A.。マネージャーの小川さんの車にあって、聴いてみたらカッコよくて。家でかけながら家事をすると進むんだよ（笑）。こういうのって、普通のカッコいい系の人とかかわいい女の子の車でも流れてそう。俺は大抵そういうものは敬遠しちゃうけど、これはハマったな。ゴッチはどう？

後藤　うん、カッコいいと思う。でも家で聴くかといったらまだわからない。どうしても俺は美しいメロディに出会いたいのかな。

喜多　俺も戻るとこはそこかもしれない。潔はこういうの大好きだよね？

伊地知　（遠くの方から）うん！

後藤　メッセージ性はロックだね。こういう音楽ってさ、歌詞に実はコアな情報を持ってて、重たいものだったりするじゃん。それが言語で理解できないから、聴かないのもある。そう思うのは、自分が歌詞を書く人間だからかな。だからって洋楽聴かないわけじゃないよ。

喜多　そうか。僕はまずサウンドのカッコ良さに惹かれるタイプだからね。で、次はストーンズ。常々ゴッチも気になってるとは思うけど。なのにライブ・アルバムを持ってきてしまった。でもホントカッコいいよ。出たのは'77年。これは飲んでる時にしか聴かない（笑）。名盤って言われてるけど演奏とかヒドいの。だけど飲んでる時に聴くと、盛り上がれるんだよね。最近のライブ・アルバムの方が音に迫力があるけど、これが一番ビールに合う（笑）。

後藤　生々しいからじゃない。だから生ビールと相性がいいと（笑）。

喜多　アハハハ（笑）。

後藤　俺、ストーンズはついぞや聴けてない。1枚も持ってない。アルバムの数も膨大で、どこから手を付けていいかわかんないし、音の好みとしても、ビートルズ聴いちゃうな。

喜多　僕も最初は、音もシブいし何でビートルズと一緒に語られるのかがわかんなかった。けど良さがわかりました。とにかくビールに合うって（笑）。ライブも行くよ。さて次が、最近のカナダのバンドでスティルズ。これは2年くらい前に出たのかな。ちょうどストロークスを好きになって、歪んでないクリーントーンのギターがダウンで鳴ってて、メロディが湿ってる感じのにハマってたころだね。これ聴いた当時は、俺がやりたかったことをヤラれてるくらいに思った。けど、おととい聴いたらそんな風には思わなかったけど（笑）。

後藤　これ良いね。当時、ニューウェーブの括りで書かれてたけど、そうじゃないじゃん。良いギターバンドじゃん。

喜多　あれ？　ここで食いつくとは思わなかった。これはどっちかというと心配方面だったのに。

後藤　聴き逃してた系だね。ストーンズとこれ借りていきます。

喜多　お、2枚レンタル入りました!!　じゃあ、次はT.レックス。洋楽聴き始めたころってロックの定番を買うじゃない。そんな時に、最初はレンタルしてテープで持ってた1枚。これは聴くと夜を思い出す。ひとりで静かに夜に聴きたいベスト10に入るんだ。ゴッチはあんまハードな感じなのは聴かないけど、これはポップだし、ゴッチのツボを刺激するんじゃないかな。去年DVDも買って、動くT-ボランが…。

後藤　T-ボラン？（爆笑）T.レックスのDVDで動くT-ボラン見れてもしょうがないじゃん（爆笑）。何言ってんの。

喜多　じゃなくて、動くマーク・ボラン見れますと（苦笑）。ちなみにT-ボランは、T.レックスとマーク・ボランから名前を付けてるんだよ。
後藤　それ以外の理由だったらすごいよ（笑）。
喜多　でもT－ボランはT.レックスっぽくはない。
後藤　知ってるよ（笑）。これも借ります。
喜多　レンタル3枚目入ったとこで、本日の目玉、ウィー・アー・サイエンティスツ。これはメチャ最近出たニューヨークのバンドで、久々に衝撃を受けたぐらい良かった。
後藤　（音が鳴ると）アジカンじゃん、なんて言ったら怒られたりして、ハハハッ（笑）。ドラム、潔だよ。
喜多　ドラムがデカいんだよ。いわゆる最近のバンド的な音だけど、これは曲が全部良いっていうので良いアルバムだなと。
後藤　でも、今んとこピンときてない。
喜多　あれ？　超グッドメロディってわけじゃないけど、構成の作り方がうまいなと思って。あんま響いてない？　これ目玉なんだけどなぁ。
後藤　俺、昨今出てきてるこういうバンドがよくわかんないんだよね。アークティック・モンキーズ、クークスの方が、もうちょっとピンときたけど。この情報量の中で、そこまで手に取ろうかなって感じにはならないかな。他にも良いバンドいっぱいあるし、昔の名盤も聴きたいし、忙しくって聴ききれないっていうのもある。そう考えると贅沢な時代だよね。自分の中で、新しいものに食いつこうって気分がどんどん希薄になってる。それは歳のせいもあるかもしれないけど、ホントに自分の好きなものだけを聴きたいなって。無理して食いついていく感じじゃないんだよ。
喜多　僕が曲名にマーカー付けてた時もそんな感じで、ホントに好きなのだけ聴けば良いって思ってやったんだよ。そういった意味でマーカーおすすめします（照笑）。

後藤　マーカーの話に戻ったぞ（笑）。まあ、また遅れて気がつく時もあるから、この名前は覚えとくよ。

喜多　さて最後はすごいよ、ガセネタ。話せば長いけど話すね。大学受験で浪人した時に、予備校さぼって、入る前から大学の図書館で勉強してたのね。いっぱいある本の中で、『ガセネタの荒野』って一冊があったの。それが、ガセネタってバンドがいかにして生まれて消滅したかって本で、それが18歳の自分にはホント衝撃的で。こんなシーンが日本にあったんだ、こんな人たちがいたんだってビックリした。CDなんか出てないだろうと思ったら、あったんだよ。大学時代も、懐しくなると図書館にたまに読みに行ってた。絶版だったけど最近購入したんで、それもぜひ読んでよ。音質も悪いよ、何歌ってるかわかんない（笑）。

後藤　すごいね。これは本と一緒に貸してよ。

喜多　うん。今日は、紹介した中で、スティルズが評判良かったのが意外だったな。最近のゴッチは、サウンドが面白くて静かでエレクトロニカっぽい方がモードかと思ってたけど。

後藤　エレクトロニカはないかな。やっぱ最近は、クラップ〜とかその辺が好き、っていうか元々好き。くるりの「ハイウェイ」、デス・キャブ・フォー・キューティーとか、散歩中に合う静かだけどじんわり心に沁みる音楽が好きだね。じんわり温かい感じ、あんまり性急なジャカジャカしたのとかは、今の感じじゃない。俺も変なストライクゾーンができてるからさ。建ちゃんは、ダンスよりなのも、リフ1発とか直線的なのとかも好きでしょ。俺はきれいなメロディが乗ってないとダメなんだよな。海外のでも口ずさみたくなるような歌が好き。音符も限られてるのに、何でこんなきれいなメロディが作れるんだって思うよ。けど、もちろんライブでは興奮したいよ。けど、リスナーとしては、家でゆったりしたものを聴きたいなって。

喜多　確かに、誰からも名曲って言われるのはそういう曲が多いよね。

後藤　来年の今聴いても良いなっていうのを、今の気分としては求めてると思う。そういうのって不思議だよね。自分の気持ちと音楽の出会いのタイミングってあるし。ストーンズも聴けば良いのはわかるんだろうけど、とっつきづらかったりさ。まあ、まとめると、建ちゃんは、俺に勉強しろってことでしょ（笑）。

喜多　そうじゃないって（笑）。

（２００５年）

PROFILE

喜多建介（きた・けんすけ）

１９７７年１月24日、神奈川県生まれ。ASIAN KUNG-FU GENERATION のギター&ボーカル。ケンちゃんの愛称で親しまれるアジカン・リーダーでもある。兄の影響もありブルーハーツやBOØWY、UNICORN といった国内のロックに小学生で目覚める。高校、大学と生粋のロック少年だったが、後藤同様、喜多もまた初めて組んだバンドがアジカン。「ブルートレイン」で後藤と初の共作をし、シングル「ワールドアパート」のカップリング「嘘とワンダーランド」で初のボーカルも務め、同じく再レコーディングされたシングル「Re: Re:」のカップリング「タイムトラベラー」でもボーカルを担当。

喜多建介CDセレクション KENSUKE KITA CD SELECTION

ローリング・ストーンズ
『ラヴ・ユー・ライヴ』
東芝EMI
TOCP-53022

スティルズ
『ロジック・ウィル・ブレイク・ユア・ハート』
ワーナーミュージック・ジャパン　WPCR-11862

T.レックス
『電気の武者』
ユニバーサルインターナショナル
POCM-2103

ウィー・アー・サイエンティスツ
『愛することとみじめさと』
東芝EMI
TOCP-66518

ガセネタ
『Sooner or Later』
Psf
PSFD-17

エイジアン・ダブ・ファウンデイション
『RAFIリヴェンジ』
ワーナーミュージック・ジャパン　AMCE-7129

ビートルズ
『アンソロジーVOL.2』
東芝EMI
TOCP-8703

エリオット・スミス
『XO』
ユニバーサルインターナショナル
MVCA-24011

ジェームス・コットン・バンド
『100% Cotton』
※輸入盤

M.I.A.
『ARULAR』
XL RECORDINGS
SRCP-398

10枚のCDでロックを語る②

山田貴洋×後藤正文

山田　今日は、自分の好きなものと、ゴッチとの思い出のものを織り交ぜつつ持ってきた10枚。まずは思い出の1枚で、レンタルズの'99年に出た『セヴン・モア・ミニッツ』。大学の軽音の部室でゴッチが「ハロー・ハロー」って曲をかけてて、良いんだよって教えてくれたんだよね。でも、最初はムーグの音がやけに耳について、そんなに聴かなかった。ある日、来日するからって誘われてライブに行ったらすごい良くて。曲知らないでこれだけ感動したライブが初めてだった。それ以来、このアルバムがすごい好きになって。長いけど全然聴けちゃう。ゴッチに紹介された中では一番お気に入りで思い出の1枚だね。

後藤　マット・シャープが山ちゃんに似ててね。困った形になるまゆ毛とかさ（笑）。

山田　へへ（笑）。もうそこからは、ウィーザーより全然レンタルズ派になったよね。こういう曲作ってみたいなって思ったし。

後藤　レンタルズっぽいの作りたいって意識はあったけどキーボードいないし、自然とウィーザーっぽいのになっちゃってたけどね(笑)。

山田　次は、マシュー・スウィート『キミがスキ・ライフ』。これは自分らが使うスタジオでたまたまかかってて、レンタルズに通じるなって印象受けたんだ。この人に関してはよく知らないけど、日本のアニメとか『うる星やつら』好きで、このアルバムも日本のファンに向けて1週間で作ったものみたい。楽曲のクオリティが良いし。最近よく聴いてる1枚。

後藤　俺、最初バンド名だと思ってたらひとりなんだよね。それ知ったのは最近(笑)。芸名だとしても良い名前だよね、マシュー・スウィートって。『うる星やつら』好きか。『めぞん一刻』好きの俺としては高橋留美子繋がりで注目だね(笑)。

山田　まださかのぼって聴いてないけど、自分はパワーポップが好きなんだなって再確認した。コーラスワークの感じも良いなと。でもレンタルズの方が良いけどね(笑)。

後藤　そりゃ、山ちゃんの中でレンタルズ超えるのはないんじゃない。精神的には4枚くらい持ってるでしょ(笑)。これ良いよ、借ります。

山田　レンタル入ったね(笑)。次はズワン。スマパンとの出会いは、友達に聴かせてもらった『メロンコリー〜』からで。でも全然ダメだった。『トゥナイト、トゥナイト』『1979』とかは確かに良いけど、グランジっぽい感じとかがなじめなくて。そしたらその友達に、武道館のチケットあるから行こうよって誘われて、行ったらハマって。『アドア』が出たころで音楽性がガラリと変わった時で、逆にその時から好きになったね。で、スマパン解散してビリー・コーガンが、ズワン組んだらメチャクチャ、ポップで。

後藤　スマパンは、その前の辺に黄金期を感じるけど、山ちゃんはポップなものが好きなんだね。まあ、正直言って山ちゃんは、ニルヴァーナとか興味ない人だからね。あれじゃない、コーガンって名前が好きなんでしょ、響きが（爆笑）。

山田　（苦笑）

後藤　あとスマパンは、当時山ちゃんにベストを作ってよって言ったら、CD2枚組分くらいのボリュームのを作ってくれた記憶があるな。でも、ズワンって世の中的には、評価低いよね。

山田　そうだね。やっぱスマパンをずっと聴いてた人からするとね。でも、スマパンの後期にこういうことがやりたかったのかなって思いがズワンで一気に爆発してる。僕は、いろいろできる人がポップなことをやってるのが好きみたい。ビリーのソロも出たけど、ショックで。バンドの音じゃないし全然良くない。この人バンドやりたくてアピールしてるのかと思った。

後藤　ほっとけないって（笑）。スマパン再結成も、ジェームス・イハがオッケーすればね。ビリーは、ニュー・オーダーに参加してたし、そこで俺と繋がってると（照笑）。

山田　はい(笑)。さて、次はビョーク。『デビュー』から気になってたけど、縁がなくて聴いてなくて。ただ1曲だけ気になってて、タイトルがわかんなくて何だろうとは思ってた。しばらくして初めてフジロックでビョークを見たらメチャ感動して。佇まいと歌声でやられたのはこの人くらいかな。結局その曲は映画『ダンサー・イン・ザ・ダーク』の劇中歌だったね。ライブ見たあと、ベスト盤聴いたらすごい良い曲ばっかり入ってて、それでアルバムも全部買ったんだよね。その中で一番好きだったのがサードの『ホモジェニック』。

後藤　俺、ビョークは1枚も持ってない。元々、女性ボーカルって聴かないんだよね。大学時代にアラニス・モリセットを聴いたのと、あとフランス・ギャルくらい。アンセム作る人じゃないし、アートってとらえちゃう。

山田　俺もビョーク聴くまでは女性ものは聴いてなかったよ。ビョークは絶対歌えないけど、何かなじむというか。アイスランドのダイナミックな感じとか世界観も好きなのかも。

後藤　寒い国の音楽ってシガー・ロスとかもそうだけど、凍てつく感じはあるよね。白く塗りつぶすような。これも借りとこうかな。

山田　ピアノやストリングスの音が好きだから、それがうまく絡んでるのが好きみたい。でも声だけで作った『メダラ』はやり過ぎかな。昔のダウンタウンのネタの、国歌斉唱を声だけで作るやつを思い出しちゃった(笑)。そして、次も女性繋がりでレイチェル・ヤマガタ。これは去年のツアーの時に一番聴いたCD。特にこの1曲目が好きで。これは、建ちゃん（喜多）が引っ越ししてCDが棚に入った時に遊びに行って借りて聴いて自分でも買ったんだ。声に魅力があるし、曲のクオリティも高い。今聴いてもツアー中のことを思い出すね。これで癒されてたなって。

後藤　ラジオで聴いて良いなと思ったけど、山ちゃんが異常な興味を示してる様を垣間見てて、これは手を出せないと思ったのを覚えてるよ。つき合えると思ったんじゃないの、山ちゃん？　これはやっぱ良いね。女性アーティストって、作られたものが多いけど、自分で作ってるなって感じがするよ。これも借りる！

山田　そして次がフレーミング・リップス。ずっと名前は知ってて気になってて、1年前にライブ映像をCSで見てから『ザ・ソフト・ブレティン』を買ったんだよ。サウンドとか歌声はヘロヘロだけど、メロディが良くて。1曲目はすごくポップな歌ものだけど2曲目からどんどん変になって、また元に戻ってくる。全体的なサウンドは、ストリングス的な音が美しいしメロディも好みで、しかも所々おかしいとこもあって、その感じにハマってよく聴いてる。

後藤　俺も違うの1枚持ってるよ。プロデューサーがナンバーガールもやってたデイヴ・フリッドマンだったので。でも、そんなにきっちり聴いてなかった。これも借りたいね。山ちゃんの回はレンタル多いな。だんだんビョークを返したくなってきた（笑）。

山田　お次はXTC。建ちゃんが詳しくて、出会った時から良いって言ってたよね。当時僕はそこまでハマんなかったけど。この『アップル・ヴィーナス』も、出た当時はちょっとしか聴いてなかった。で、最近ゴッチのコラムにも登場してた『ブラック・シー』を聴いたら、こんな良いのか、これはすごいと。で、ウチにも1枚あったと思って聴き直したら素晴らしくて。

後藤　改めて聴くと余計良いよね。変態性も持ってるけど、難しくないし開かれてるよね。

山田　最近何枚か聴いたら後期の方が好きかなって思った。あと、アンディ・パートリッジの声が好きだな。XTCは自分も掘り下げたいし、多くの人に広めたい感じはあるかな。

後藤　メロディ・メイカーとしても偉大だよね。日本でももっと評価されてほしい。『オレンジズ&レモンズ』も『スカイラーキング』も好きだけど、『ブラック・シー』が一番好き。ちょっと前にBBCライブの音源聴いたらメチャ良くて。そしたら「ジェネラルズ&メジャーズ」と「リヴィング・スルー・アナザー・キューバ」って俺の好きな2曲を繋げて演奏してて最高だったよ。

山田　うん。次は映画のサントラで『スタンド・バイ・ミー』。僕はサントラものをよく聴くけど、これはオールディーズのオムニバスとしてよく聴いてた。ゴッチも聴いてたんでしょ？

後藤　高校のころ、静岡でオールディーズ流行ってたんだよ。古着屋行くと大体かかってたし。当時は音楽としての興味じゃなく、ファッションの一環で、雰囲気に浸る感じで聴いてたな。

山田　中学のころCD買えないじゃん。だから市立図書館に行くとCDも置いてあって、結構利用してたのね。これは高校受験の時によく聴いてた。映画は観たけどそこまでピンとこなくて。
後藤　マジで⁉　オレら世代には外せないと思うよ。『スタンド・バイ・ミー』『グーニーズ』『ぼくらの七日間戦争』は、キッズ3大冒険映画として（笑）。
山田　僕は、「また観たい」気にはならなかったけど、音楽は聴きたくなって。これは映画のサントラってよりは思い出に残ってるCDかな。オールディーズの雰囲気が良いなって。
後藤　聴きながら酒飲むよね。バーで、マスターおかわりって感じだよ。
山田　次は坂本龍一さんのベスト盤。これも中学の時に聴いてた。レンタルCD屋が近くになくて、遠くまで借りに行ってて、友達と話し合わせる用に流行ってるシングルも借りてたけど、みんなとズレてるとこがあってさ。これも借りたけど、誰も理解してくれなかった。でも、ハマってひたすら聴いてたんだよね。このベストも映画音楽からソロまでごちゃ混ぜなんだけど、一貫して俺の好きなツボがあるの。「千のナイフ」って曲が一番好きだな。
後藤　中学でこれ聴いてたんだ、すごいね。オレなんかユーロビートだったよ（苦笑）。
山田　YMOも聴いてたよ。中学の時はテクノ、エレクトリックなものに興味を示してた。
後藤　山ちゃんにこういう要素があったの知らなかった。エレクトロニカとか興味ないじゃん。
山田　うん。ただ、教授に関しては、サウンドってよりか楽曲の感じが好きで。
後藤　この人の出す音に興味があるんだ。教授は、今も新しいもの作ろうって気概が見える人だよね。じゃあ、ジャパンフェスで会えて良かったね。サインしてもらってさ。その時は山ちゃんが中学から好きだって知らなかったから、何CD持ってきてんのよって思ってたけど（笑）。言えば良いのに、好きだったって。

山田　いや、中学の時に、誰も興味を示してもらえなかったトラウマで、人に言えなくて（笑）。でも、ホント会えて良かった。この人の真髄までわかってるかはわからないけど、思い出の一枚として持ってきたんだ。

後藤　おっ、最後も山田ワールドだね。

山田　玉置浩二さんは、自分の人生の節目節目で出てくる。これは安全地帯の曲を集めたセルフカバー集でオリジナル・メンバーでやってる。この人もメロディが好き。最初に聴いたのは、家にレコードとダブルカセットのついたコンポが来た時に、親が「ワインレッドの心」の7インチを買ってきてて、なぜか俺もひとりになると聴いてた。ラジオを聴くようになったら「悲しみにさよなら」とか流行ってたし。で、高校受験の時に「あの頃へ」って曲がCMで流れてて良いなと思ってたんだ。その後ドラマで流れてた「ひとりぼっちのエール」って曲も好きで、僕はこの人の曲が好きなんだって思った。椿屋四重奏のボーカルの中田裕二君も玉置さん好きで、未だに話が合った人は彼しかいない（笑）。いつか一緒にライブ行こうって話してるけど。

後藤　でも良い曲書くよね。ウチのカーステでも、井上陽水、サザンと並んで安全地帯がよくかかってたな。親が大好きでさ。

山田　一時は大人気で、歌謡曲ど真ん中にいた人が、だんだん自然と融合した感じも良くて。やっぱり、この人のメロディ・ラインがツボで好きだね。一回、安全地帯が再結成の時に見たことがあって、懐かしい好きな曲をいっぱいやってて、嬉しかったな。

後藤　今は軽井沢に住んで、自然の中にスタジオ作ってるんでしょ。

山田　そうみたい。ちょっと破天荒な人で、結婚も何度かしていて、しゃべりもなんかすごいし。そういう人が、こういう素敵な音楽作るんだっていうのにも惹かれるんだよね。

後藤　俺も好きだよ。声が良い。

山田　ストリングス、ピアノのアレンジに合うような曲が多いし。僕がそういうサウンドを好きみたい。哀愁の感じとかね。

後藤　ひと通り聴かせてもらって、山ちゃんがまじめだっていうのをよくわかったよ（笑）。でも、一貫してるものはあるよね。きれいなメロディとピアノ、ストリングスとか。山ちゃんがこういうの好きなのわかる。玉置浩二、XTC、教授の3枚とか、繋がってなさそうだけど繋がってるし。建ちゃんの趣味とは全然違う。彼はロック野郎だし。

山田　気づいたらベース的なのは何もないね（笑）。

後藤　そうだね。あとリズムっぽいのは聴かないね。それはバンドやる時も出てる。山ちゃんは、コードとか和音に目がいく。リズムを飲み込むのは遅い。良い意味で、変な特性のベーシストだよ。音楽は横にスライドしていくものだけど、山ちゃんは、五線譜の縦の並びを見てる。音の積み重ねを気にしてるよね。だから、意識的にリズムっぽいのも聴いて、そこを注入できたら無敵になると思うな。

山田　勉強としてリズムっぽいのも聴くけど、ずっとは聴かないんだよな。

後藤　バンドで、コードの話をする時は一番詳しいから山ちゃんにするよね。リズムの話は潔（伊地知）。で、メンタル面は建ちゃんと話すみたいな。アジカン面白いな、良いバンドだね（笑）。建ちゃん、そういうCD多かったね。思い入れのあるロックっぽいのが多かった。山ちゃんの音楽性は、メロディの方にいくしね。そういう意味では、これから先、どんどんアルバムを作っていくと、誰が活躍してる曲か、すごくわかりやすくなってくるかもね。山ちゃんが主導権を握ってる曲だと、ギターが全然入ってないとかさ（笑）。

山田　今回持ってきたCDも、ギターの音がしてない、バンドからはみ出したものが多かったし。ロックも好きだけど、ホントに好きなのはそういうものかも。

後藤　そのうちクラシックにハマったりして。

山田　持ってるけど難し過ぎた。やっぱり、ポップ・ミュージックとして成り立ってるのが好きだな。自分は、確固たるメロディ・センスを持ってる人が好きだし、難しすぎてもダメ。アジカンにいるのもそういうことだと思う。

（2005年）

PROFILE

山田貴洋（やまだ・たかひろ）

1977年8月19日、静岡県生まれ。ASIAN KUNG-FU GENERATION のベース&ボーカル。山ちゃんの愛称で親しまれアジカン・サウンドの屋台骨を支える心強いベーシスト。また美しいメロディやハーモニーを愛する一面もある。「ノーネーム」「サイレン」「Re: Re:」「Right Now」を、後藤と共作している。またアジカン以外にも片平里菜の「始まりに」「baby」「HIGH FIVE」などの楽曲プロデュースも積極的に行っている。アジカン・メンバーいち器用で、書道や水泳と何をやらせてもこなしてしまう。大学時代のバイト先は、後藤と同じカラオケ屋。山田もまた初めて組んだバンドがアジカンとなる。

山田貴洋CDセレクション TAKAHIRO YAMADA CD SELECTION

フレーミング・リップス
『ザ・ソフト・ブレティン』
ワーナーミュージック・ジャパン
WPCR-10344

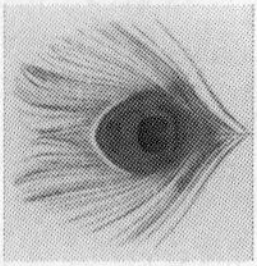

XTC『Apple Venus vol.1』
※輸入盤

オリジナル・サウンドトラック
『スタンド・バイ・ミー』
ワーナーミュージック・ジャパン　20P2-2438

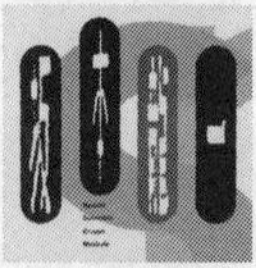

坂本龍一
『Gruppo Musicale』
ミディ
MDCL-1046

玉置浩二
『ワインレッドの心』
Dreamusic
MUCD-1064

レンタルズ
『セブン・モア・ミニッツ』
ワーナーミュージック・ジャパン
WPCR-10212

マシュー・スウィート
『キミがスキ・ライフ』
cutting edge
CTCR-16050

ズワン
『メアリー・スター・オブ・ザ・シー』
ワーナーミュージック・ジャパン
WPCR-11469

ビョーク
『ホモジェニック』
ユニバーサルインターナショナル
POCP-7275

レイチェル・ヤマガタ
『ハプンスタンス』
BMG JAPAN
BVCP-21401

10枚のCDでロックを語る③

伊地知潔×後藤正文

伊地知　今日はですね、伊地知潔の歴史に迫ろうというCDを選んできました。それとASIAN KUNG-FU GENERATIONと、まぁ俺とゴッチの共通点からなるルーツを！

後藤　潔をひもといていこうと。

伊地知　何で今こうやって繋がって俺とゴッチが一緒にバンドをやってるのかを、今日明らかにしようかと！　好きなアーティスト見つけた時に、自分の音楽性が変わっていく、じゃん？

後藤　うんうん、そうだね。

伊地知　それをまぁ、今日持ってきたんだけど。一番初めにものすごく影響を受けたのはなんとジャネット・ジャクソンなんだよね。中学2年の時に。さっそくリッスンしてみますか！

後藤　リッスン、リッスン！

伊地知　このイントロからして、今でも聴けるよね、ジャネット。昔聴いた音楽って

ものすごく、自分の何だろ？　中に残っていて、きっと今やってる音楽もこれまで聴いた音楽の中のものがどんどんどんどん糧になって、できてるんじゃないかなと思って。ぜひねぇ、ジャネットはすごいんだよ！　って今日ゴッチにね、わかってもらいたくて、持ってきました（照笑）。

後藤　なるほど。（『リズム・ネイション』を聴きながら）この曲も有名だよね。一番有名？　とんねるずがねぇ、マネたっていう。

伊地知　ホントに？

後藤　パロディ。

伊地知　それ知らないわ。まあジャネットは本当にR&Bとかハウスとか、新しいことをどんどんやり続けてきててね、毎年毎年。アルバム出るたんびにね、すごいなっと思って。

後藤　全然聴いたことないな俺。マイケル・ジャクソンは好き。マイケルはすげぇ聴いたね。小さい時ね、カーステレオに入ってた。洋楽でいくとまぁ、マイケル・ジャクソン、あとスティーヴィー・ワンダー。そしてトム・キャット（笑）。あとシンディ・ローパー。80年代のあのころの洋楽は、お茶の間にくい込んでたよね。俺も親の影響で車の中で聴いた。

伊地知　うんうん。本当はジャネットのライブDVDも見せたかったんだけど、可愛いし。

後藤　可愛いっていうのが俺全然理解できない（笑）。潔、ジョイナーとかも好き？

伊地知　ジョイナー!?（笑）

後藤　ジョイナーに似てるよね。

伊地知　ジョイナーと一緒にするなよ！　ジョイナーじゃないよ！　次っ！　ドリーム・シアターです。これはねぇ、今こうやって細かいのとかブレイクの面白いのができるのもドリーム・シアターのおかげ。ゴッチはメロディが好きだからメロディのイイ曲聴いてもらおうかなと。

後藤　う〜ん、いや、これぞドリーム・シアター！　ってやつが聴きたいよ俺は、逆に。

伊地知　まぁでもこれぞドリーム・シアターなんだよね。ドリーム・シアターは基本的に、ものすごいメロディも良くて、なおかつプログレでメタルでっていう。今まで買ったCDの中で一番聴いたCD。なぜかっていうと何をどうやってるんだろうっていう興味が湧いてきて。理解したいコピーしたいってすごい思うんだけど、ものすごく難しい！ってわけでもない。絶対できないんじゃなくて、練習したらできたりする……。

後藤　へえ。

伊地知　うん。ツーバスもこれで練習したし。中学で聴いたけど……あの〜すぐにはできないじゃない？　だからこれを持って大学3年で！

後藤　俺はこういうロックは、あんまり聴かない。メタルとか全然聴いてないし。潔は、クイーンとか聴いてなかったの？

伊地知　クイーンも聴いたけど、どツボにはまんなかった。で、3枚目は、ユニコーンね。

後藤　ユニコーンはわかるね。ユニコーン

はわかり過ぎるね。

伊地知　でしょ。だからなるべく共通のさ、感じでこっからいこうかなって思ってさ。ユニコーンは、アジカン・メンバー全員通ってるよね。

後藤　好きだよね。どの時点で好きだったの？

伊地知　俺ね～、けっこう後。『服部』から。

後藤　後じゃねぇじゃん。3枚目だよ。

伊地知　初めっからじゃない。

後藤　最初の2枚は無理だよ、俺も無理だったもん。俺も『服部』からだもん聴いたの。『服部』の時は潔、小6とかじゃないの？

伊地知　いや、『服部』を中学の時に買った。

後藤　そっか。

伊地知　なんだかね、テレビで聴いて昔のアルバム欲しいなと思って。『服部』って曲は知っててさ。

後藤　う～ん。

伊地知　なんかさ、ユニコーンに似てるねって『君繋ファイブエム』が出たころ言われたことがあって。昔のユニコーンに雰囲気が似てるって。全然曲とか違うんだけど、アジカンが。

後藤　本当⁉

伊地知　音楽大好きな友達に、アジカンとユニコーンがすごい似てるって。で、よく考えてみたらみんなユニコーン通ってるなと思って。

後藤　う～ん。いいバンドだよね、本当に。一番好きなアルバムは、やっぱり俺は『ケダモノの嵐』かな。

伊地知　俺やっぱり最初に買った『服部』

があまりにも衝撃があり過ぎて。

後藤　民生さんのソロ10周年記念の広島球場のライブの時に「君という花」をやってくれたのは泣けたね。ＤＶＤにも入ってるけど。当日観に行ってて、俺本当に好きだからめちゃくちゃ嬉しくて、ちょっと３塁ベンチで泣きそうになった。イントロのＦ#マイナーをミュートで〝ジャジャジャジャ〜〟ってやり始めてた時、建ちゃんと顔見合わせて「もしや⁉」とか思ったら「見え透いた♪」って始まったから、「うわ‼」とか思って、大感動。

伊地知　俺は行けなかったから、違う意味で泣けたな。さて次は、ハイスタ！　ハイスタは、高校３年生当時聴いたね。これがなかったら、私はもうバンドやってないですね。

後藤　すごいよな、本当に。

伊地知　これはね、当時俺が古着屋でバイトしてて、そこの店長が〝これからね、ものすごいシーンができていく〟と。音楽にすごい詳しい人でＤＪとかもやってて。その人が、これを聴けと、〝お前もドラムやってんなら聴いてみろ〟って、で聴いたらすげぇカッコよかった。ハイスタが、３人でやってるとか全くわかんなくてライブに行ったんだよ、チッタに。で、生まれて初めてステージから人があんないっぱい飛んでるの見て、〝何だこりゃ⁉〟と思って。俺も無理矢理飛ばさせられたりして（笑）。あ〜楽しいなと思って。そん時は、ハイスタ、SUPER STUPID、RUDE BONESとかも出てて。で、俺はもうこれしかないなと思って、バンド組んだの。

後藤　潔が最初にオリジナル・バンド組んだのはいつなの？　すでに高校生の時やっ

てたんだっけ？

伊地知　ちょうどハイスタを聴いて1カ月後ぐらいだから高3とかかな。

後藤　早いよね。

伊地知　いきなりもうこういう（高速ビート）のやろうと思って。ハイスタのマネしてやってたね。ゴッチにも大学の時は、俺がやってたハイスタのカバーとかやるバンドで、ボーカルをやってもらって。

後藤　演奏しながら歌えるやつがいない、とか言って（笑）。

伊地知　みんなもう必死だったから（笑）。

後藤　誰かボーカルやってるやつでハイスタ知ってる人いないか？　みたいな。

伊地知　ハイスタ5人でやったね〜。お次は今、話にも出てきた、SUPER STUPID。LOW IQ 01さんはすごい！っていう話をしたかった。

後藤　かっこいいよね。

伊地知　1枚のCDとは思えないような、ボリュームなんだよね。全曲違うから。

後藤　うん。

伊地知　本当に、SUPER STUPIDにいろんなジャンルの音楽を聴け！って命令をされた気分。

後藤　ああ、見聞を広げなさい！とね。この1曲目、スゲー！　これも後輩がめちゃくちゃコピーしていたね。ものすごい聴いたな、この曲。オリジナルよりも後輩バージョンを（笑）。

伊地知　PENPALSだって、ゴッチがやってるので覚えたもん、俺（笑）。

後藤　（笑）。（SUPER STUPIDをBGMに）今聴くとさ、やっぱすごくない？　だってさ、スカコア・ブームとかくる前に裏打ちとか入れてるわけでしょ？

伊地知　うん、すごいよ〜。本当に。

後藤　SUPER STUPID、改めてちゃんと聴きたいね。カッコイイ！　今日、CD借りたいな。

伊地知　いやもう、聴いてほしいっ‼　ゴッチにそう言われて、すげえうれしい！　続いて6枚目。これ、ゴッチはどうなんだろ？　ブライアン・セッツァー。俺が大学2年の時に、ある程度メロコアを聴いた後に出会いました。まあ、スカとかもすごい聴いて、あのホーン・セクションが入ったバンドなんかもいいなと思い始めた時に、これを聴いて。もう！　スウィングだ！　と思ったんだよ。その後、スウィング・ロックがやりたいなと思って、そういうバンドも組んだな。で、音楽は楽しいなって感じで、今日持ってきた。あんまりさ、こんな楽しい感じの音楽をゴッチは聴かないでしょ？

後藤　あー、そうだね。湿ってるものを聴くね。どっちかというとね(笑)。

伊地知　だから、たまには楽しいのもいいんじゃないかなと思って(笑)。全然こない……？

後藤　うん。でもわかるけど、なんか……こういう気分にはあんまりならないね。

伊地知　いつかなる日がくるかもしれないから(笑)。じゃあ次、イースタンユース『感受性応答セヨ』。

後藤　最高だね‼

伊地知　うん、もうこれは、全員買ったね！　しかも、ゴッチがこれいいんだよ！　って勧めた時には、俺も俺も持ってるよって(笑)。

後藤　これやっぱね、でかいね！　このアルバム‼　僕は前から好きだけどね。

伊地知　これ全員すごい聴いたよね。「遥か彼方」とかを作ってる時に、みんな家ではこうゆう音楽聴いてて、スタジオでは『崩壊アンプリファー』を作ってた。

後藤　やっぱ日本語をやるにあたってね、その当時は迷いはあったよね。'00～'01年くらいから取り組み始めるわけだけど、まあ、俺の中ではひとつイースタンユースってのがあったよね。そう、このイースタンのアルバムで、なんか見えた感じはあるよね。ヒントっていうか。こうぶつければいいんだ‼　みたいな。メンバーみんなが持ってたのに、すげえびっくりしたね。

伊地知　うん。みんな影響受けてるよね。

後藤　先駆者っていうかね。俺、歌詞縦書きだけど、歌入れの時も。イースタンユースの影響もあって、縦に書いてたんだけどね。

伊地知　俺もこういうこの感じのアプローチ、感情的なドラミングもイースタンユースから学んだね。そして、スティーヴィー・ワンダー。

後藤　何で、またここでスティーヴィー・ワンダーっていう？

伊地知　いや、この後数年は飛ばして（笑）、スティーヴィー・ワンダー！　これは、我々のディレクターから頂きました！〝潔、これ知ってるか？〟って。で、そのディレクターの意図をわからず聴いてみたのよ。したら、わかった（笑）。こういうことかと（笑）。

後藤　どういうこと？

伊地知　ドラム的な話なんだけど、グルーヴも何も考えないで叩いてた時に、こうゆうノリとかグルーヴとかわかると、強くなるよ！　って。メッセージがあったね～。

ディレクターが、山ちゃんと俺に〝コピーしてみろよ〟って（笑）。練習したんだけど、難しいんだって！

後藤　そっかそっかそっか。

伊地知　でもここで、俺はドラマーとして、ものすごい大きな転機を迎えて、これからファンクとかそういうのを聴き始めるようになって、それからちょっと跳ねてる曲とかできるようになった。すべて、スティーヴィーのおかげ。

後藤　昔は、バックビートってものを意識してなかったよね、ほとんど。

伊地知　そうだね。それで練習して最近やっと、なんとなくわかってきた、跳ねる感じとかね。これで、影響を受けたシリーズ終わり（笑）。次は、ブンブンのＣＤなんだけど、ブンブンの一番新しいアルバム。これは完全にテクノとロックを融合させた、これを聴いてテクノにはまりました！　そして、あのブレイクビーツのようなドラムを叩きたくなって。もしかしてアジカンもちょっと入れられるのかな？　遊びで。

後藤　何を？

伊地知　あのね、音？　キーボードの音とか例えばギターを弾いてループさせたりしたら面白いんじゃないかなって思って。たまにやってるじゃん遊びで。

後藤　俺、ノイズ好きだよ。だからさ、リハとかでもディレイのループとか作ってからセッション始めようとしたりするんだけど。でも再現に関わってくるから、こと音源って考えてやるならいいけど。やっぱり、難しいな。

伊地知　何でそんなに、こういうことをやってほしいと思ったかっていうと、最近ライブとかでもジャムるじゃない？　そういう時にテクノ風のジャムとかあっても面白いんじゃないかなっと思って。

後藤　今度、自分たちのスタジオがあるから、いろいろ録音的なものは遊べると思うよ。潔、自分のドラムの録音が終わったら、もっとノイズとか考えるとかさ。サンプラーとか使ってさ。そういうのやったらいいんじゃない？

伊地知　やった！　やろう！　今ね、一番そういうことがやりたい。で、次はベント・ファブリック。これは今年、間違いなく私のトップ10に入るだろうと思うくらい衝撃を受けた一枚。

後藤　早過ぎるよ（笑）。絶対今年の年末には忘れてるんだよ（笑）。

伊地知　いやいや（笑）。年始早々、衝撃を受けたよ。この人81歳っていうのがスゴイよね。俺的にはメロディがイギリスな感じがするんだけど、今年大ブレイク間違いなし！　こんなお爺ちゃんになりたいね。

後藤　お酒飲みながら聴いたらいいかもね。潔は、音楽的に目に見えて技術度が高いのがすごい好きだね。

伊地知　リズムを追求するってすごいことで、ゴッチが歌詞を追求したりすることと同じくらい深いところまでリズムの追求ってあってさ。俺は最近そっちの方に目が向いてるね。

後藤　言葉にもリズムがあるからね。だから、ドラムがこう鳴ってるから、こういう言葉っていうのはあるからね。そういうことを考えるのは、面白いと思うよ。

（２００５年）

PROFILE

伊地知潔（いぢち・きよし）

１９７７年９月25日、神奈川県生まれ。ASIAN KUNG-FU GENERATIONの力強さとクリエイティブなセンスを持ったドラマー。小学生の時にマーチング・バンドで小太鼓を担当し、東京ドームでのコンサートに出演経験もある。バイク、スノーボード、船（'05年に一級小型船舶操縦士免許取得）、料理と音楽以外の趣味も幅広い。３rdアルバム『ファンクラブ』に収録されている「月光」のイントロのピアノも担当した。明るい性格で常に周囲を和ます姿も印象的。また、インストバンドPHONO TONESでの活動やライブサポート、フェスやイベントでフードブースプロデュースなども行っている。

伊地知潔 CD セレクション　KIYOSHI IJICHI CD SELECTION

ブライアン・セッツァー・オーケストラ
『ヴァーヴーム!』
トイズファクトリー
TFCK-87222

ジャネット・ジャクソン
『リズム・ネイション』
ユニバーサルインターナショナル
POCM-2081

eastern youth
『感受性応答セヨ』
トイズファクトリー
TFCC-88182

ドリーム・シアター
『イメージ・アンド・ワーズ』
ワーナーミュージック・ジャパン　AMCY-3113

スティーヴィー・ワンダー
『キー・オブ・ライフ』
ユニバーサルインターナショナル
UICY-3880

UNICORN
『THE VERY BEST OF UNICORN』
SME Records
SRCL-2796

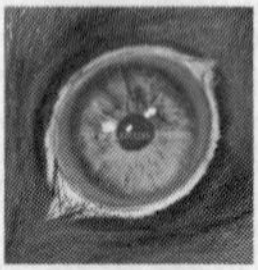

Boom Boom Satellites
『FULL OF ELEVATING PLEASURES』
ソニーレコード
SRCP-386

Hi-STANDARD
『Growing Up』
トイズファクトリー
TFCK-88067

ベント・ファブリック
『ジュークボックス』
ユニバーサルインターナショナル
UICO-1095

SUPER STUPID
『WHAT A HELL'S GOING ON』
ソニーレコード
SRCL-3692

■ゲスト対談

山本直樹×後藤正文

〝20歳の思い込みパワー〟はけっこう強い

後藤　1年間ありがとうございました。でも、毎回のイラストを描いていただくの、大変じゃなかったですか？　僕、原稿書くのすごく遅かったから、いつも悪いなぁと思いつつ。

山本　いえいえ（笑）。

後藤　やっぱり週刊はキツイですね。週刊誌で描かれてる漫画家の方って、すごいと思う。

山本　だから僕は、もう二度とやらないんです（笑）。昔やったことがありますけど、あんな大変な作業はない。人をいっぱい雇ってやらなきゃいけないんですよ。ひとりきりになりたくて漫画家になったのに（笑）。

後藤　ああ、そういう目線だと無理ですね。

山本　ツアーとかやってると、気がついたら締め切りがくるわけでしょう？

後藤　そうそう。やんわりと〝原稿……まだですか？〟っていう催促が来る（笑）。

山本　僕の場合は、カット1個で、しかもお題があるから。楽しかったですよ。でも、けっこう知らない固有名詞があるんですよ。僕の音楽の趣味って、高校、大学ぐらいで止まっちゃってるから。

後藤　〝や＝山本直樹〟の回で、山本さんに1枚選んでもらったのがニール・ヤングで。

山本　あれも高校の時の愛聴盤。

後藤　絵の横にひとこと入ってるのを読むのも面白かった。〝ネガティブ〟の時に、〝ポジティブ〟は昔は「美しいコトバだったんだけどね」って書かれていて、〝そうだよなぁ〟ってあらためて思ったり。そういう言葉がひとつひとつ面白かった。山本さん、今おいくつでしたっけ？

山本　もうすぐ46です。１９６０年生まれ。

後藤　僕は１９７６年生まれ。16コ違いますね。70年代の音楽は10代のころに聴いてたんですよね？

山本　だいたい'70年ぐらいから、さかのぼって聴いていった感じ。当時クイーンが盛り上がってきてて、でも仲間うちで〝こんなのロックじゃねえべ〟〝いや、ロックだ〟って言い争ってた(笑)。

後藤　そうか。当時クイーンがどういう存在だったのかなんて、僕らはわかんないんですよね。原稿にも書いたけど、歌だけ聴いたら美男子だと思ってたんですよ。そういうものじゃなかったですね(笑)。

山本　カットを描くためにいろいろCDをいただいた中で、イースタンユースがすごく良かったです。

後藤　山本さんと同じ北海道ですよ。彼らは帯広かな。

山本　あ、そうなんだ。僕は函館の田舎なんで、北海道にしては狭いところなんですけど。後藤さんはどこでしたっけ？

後藤　僕は静岡県です。ほのぼのとした、クソ田舎です（笑）。

山本　静岡と北海道って、何か新製品ができた時に、とりあえず試験的に販売されたりすることが多いところなんですよ。たぶん平均的な人たちが多いんだと思う（笑）。

後藤　そうそう。フラットな感じ（笑）。でも北海道はいいですね。イースタン・ユース、本当にカッコいいな。

山本　アジカンもカッコいいです。ギター・ロックの正しい姿だと思う。

後藤　ありがとうございます。

山本　'76年生まれというと、音楽の原点は何になるの？

後藤　中学に入ってから聴いた日本のバンドですね。ブルーハーツとユニコーンから入って、そのあとしばらく音楽にグッとくる瞬間がなかったんですけど、東京に来てからイギリスの音楽に引き込まれたんですね。オアシスや、XTCや……。

山本　XTCは、ほんとに初期のころに聴いてました。ムーンライダースみたいだなぁと思いながら。今考えると逆なんだけど（笑）。

後藤　たぶん、東京で育っていたらまた違うと思うんですよ。僕らの世代なら、グランジとかになったと思う。でも申し訳ないけど、静岡の田舎とカート・コバーンはま

ったく関係ないですからね（笑）。見渡す限りの水田と茶畑ですから。そんなところで〝俺の人生はこんなにクソだ〟って歌われても、僕の人生はまだこれからなので（笑）。僕は、そういう人がいることも知らなかった。

山本　僕の場合は、田舎だったから情報に飢えてて、逆にマニアックになったと思うんですよ。中2の終わりごろにかぐや姫の「神田川」を聴いて〝もうフォークは終わりだ〟って思ってたぐらいだから。音楽雑誌を買うのに、函館まで汽車に乗って行かなきゃいけないようなところだったけど、周りにマニアックな人も多かった。情報は主にラジオからですね。中学くらいの時に聴いてたAMラジオのヒット・チャートって、洋楽と邦楽が半々ぐらいだったんですよ。アメリカの「名前のない馬」とかサイモン＆ガーファンクルの「明日に架ける橋」とかと、吉田拓郎が一緒にかかってた。そのへんが最初ですね。

後藤　そういうのを聞くと、いい時代だと思いますね。

山本　それがだんだん、洋楽と邦楽が分離してきたから。

後藤　最初に漫画家になろうと思ったのって、どういうきっかけだったんですか？

山本　漫画を読むのがものすごい好きだったの。漫画マニアだったけど、描くことはしてなくて、描き始めたのは大学生の時。酒飲みながら友達と漫画の話ばっかりしてたら、〝自分で描けばいいじゃん〟って言われて、〝その手があったか〟と（笑）。それが大学2年生ぐらい。

後藤　わりと遅いですよね。

山本　遅いです。もう大人になってから。

後藤　僕も大学に入ってから始めたんですよ、バンドを。

山本　遅く始めると、集中力が働くと思うんですよ。

後藤　ある程度、いろんなことが見えてるというのもありますね。わけもわからず始めたというのとは違って、知識もあるから。何をやれば自分にとって楽しいか？　がわかってる。

山本　ただ、漫画家的基礎体力がないんですよ。鉛筆の下書きでサッサッとジャストの線が引けるみたいな、そういうことはできない。何回も消しゴムで消して描き直す（笑）。中学校からばりばり描いてたとか、そういう人とはやっぱり違いますね。ある人のところへアシスタントに行ったことがありますけど、10日目ぐらいに〝君はこういう仕事が向いてないね〟ってクビを言い渡された（笑）。モチベーションがないんですよ、人の漫画だから。〝家で背景の練習をしてきなさい〟とか言われて、自分の漫画をいつ描けばいいんだよ、みたいな。それで〝やりたくないなぁ〟という気持ちでやってたら、ちゃんとやめさせられました（笑）。

後藤　でも、そのぐらいの歳で始めたらそうなりますよね。僕も、コピー・バンドをやるのがすごくつらかった。自分の音楽をやりたくてやってるのになぁって思ってた。アジカンを組んだ時も、メンバーに〝オリジナルはまだ早い〟とか言われて、なんだよ〝まだ早い〟って⁉（笑）〝もっとコピーをやってうまくなるべきだ〟とか言うやつもいて、でもそうじゃないだろうと。俺はそういうことがしたいわけじゃない。

山本　僕は、早稲田大学でジャズ研究会に入りました。タモリにあこがれて。でも、ジャズは難しい。僕、理屈から入っちゃったんですね。ドリアン・スケールがどうのこうのとか。で、駄目でした。

後藤　僕らは全然理屈を無視してました。

山本　それが正しいですよ。ジャズでも何でも、あとから理屈を学ぶぐらいの感じが絶対いい。

後藤　僕が山本さんを知ったのは、『ビッグコミックスピリッツ』でしたね。その当時のスピリッツは、面白い漫画しかなかった。山本さんは定期的な連載じゃなくて、たまにぽっと載ってましたよね。

山本　読みきりですね。「フラグメンツ」のころかな。

後藤　そう、「フラグメンツ」が載ってるのをよく読んでいて。あの、黒い犬が出てくる話がすごい頭に残っていて。

山本　あ〜、「世界最後の日々」。

後藤　あの主人公が金属バットを振り上げて言った〝もうこの世は修復不可能です〟っていうセリフとか、犬が言うセリフとか、すごい考えさせられましたね。単行本も買いました。〝これ描いてる人、どういう脳みそしてるんだろう?〟と思った。

山本　こういう脳みそです。見えないけど（笑）。

後藤　ほんとに、一見何が言いたいのかわからない不条理な世界なんだけど、ハッとするような驚きがたくさんある。すごくエロいシーンもあって、そっちに気がいっちゃう場合も多いんだけど（笑）。

山本　あの話は、まだソ連があるころに考えてたんですよ。神様が現れて、もうちょっとで核戦争が起きるからっていう話にしようと思ってたら、ソ連がなくなっちゃったんで。〝そうだ、ノストラダムスの言った1999年の世界の終わりがもうすぐだ〟と思って、そういうふうに変えたんです。

後藤　あと「ビリーバーズ」は宗教の話ですよね。すげぇなぁと思った。

山本　あれはオウムと連合赤軍を混ぜたイメージですね。わざと時代を取り入れてるつもりはないんだけど、否が応でも入ってきちゃうから。とりあえずその時耳に入ってきたニュース的なものを全部ネタとして使っちゃえみたいな感じ。

後藤　みなさんもぜひ読んでみてください。それにしても、これを読んでる若い子も、勇気づけられるんじゃないですかね。大学から始めても漫画家になれる、バンドもできるって（笑）。

山本　〝20歳の思い込みパワー〟はけっこう強いですよ。

後藤　土俵際感はありますよね、大学2～3年にもなってくると。そろそろヤバイぞみたいな。原稿の締め切り間近のように（笑）。

山本　会社訪問とかめんどくさそうだし、なんとかそっちじゃない方向へ……って（笑）。逃げ道みたいに。

後藤　あははは。わかります、その気持ち。

（2005年）

PROFILE

山本直樹（やまもと・なおき）
漫画家。1960年、北海道函館市生まれ。'84年「私の青空」で漫画家デビュー。山本直樹名義以外に、森山塔、塔山森のペンネームでも活躍。作品は『BLUE』『あさって DANCE』『ビリーバーズ』『世界最後の日々』『レッド』『分校の人たち』ほか、映画化された作品も多数。エッセイ集『テレビを消しなさい』、夢の話をまとめた『ラジオの仏』も発表。プライベートでは4人組バンドを組んでおり、年に数回はライブも行っている。ちなみに愛用のギターは、椎名林檎と同じデューセンバーグ。

山本直樹CDセレクション NAOKI YAMAMOTO CD SELECTION

―山本直樹から後藤正文にオススメするCD5枚!!―

naked city
『torture garden』
※現在は廃盤

山本　もしもジャズの人がデスメタルをやったら、という“もしもシリーズ”みたいな音。42曲入ってます（笑）。
後藤　すげぇな（絶句）。
山本　サックスがジョン・ゾーンで、ボーカルがボアダムスのヤマタカ・アイ。このころは山塚アイっていってた。ボーカルというか、叫びというか（笑）。ふにゃっとなってる時に大音量で聴くと目が覚めるんですよ。１曲12秒とかですから（笑）。

マイルス・デイヴィス
『アガルタ』
ソニーレコード
SRCS-9720-1

後藤　マイルスは１枚だけ持ってます。かなりフリーな感じになってからのやつを。
山本　“や”の時にお薦めを１枚と言われて、ニール・ヤングにするかこれにするか迷ったんですよ。個人的な思い入れで、マイルス・デイヴィスの中でいちばん聴いたアルバムがこれ。マイルスがスライ・ストーンとかの影響を受けて、“俺もファンクをやる！”って言ってやったアルバム。大阪でやったライブかな。高校の時にハマりました。

吾妻光良&スウィンギン・バッパーズ
『ヘップキャッツ・ジャンプ・アゲイン』
VIVID SOUND
VSCD-30104

山本　この人のギターがすごく好きなんですよ。エフェクターなしで、アンプ直結で、リバーブだけちょっとかけてる。
後藤　確か、フジロックに出てましたよね？　建ちゃんが見て、えらい感動してた。あ〜、こういうのはいいな。カッコいいですね。
山本　ライブではみんなお酒飲みながら、本人も飲みながら盛り上がる。
後藤　いいですね。家で焼酎飲みながらかけたいです。

オーティス・クレイ
『愛なき世界で』
ビクターエンタテインメント
VICP-63354

山本　これは’70年ぐらいのＲ＆Ｂの名盤。
後藤　カッコいいですね。天然で16ビートを感じてる人たちにはかなわないですよ。ベースもうめぇなチクショウって感じ（笑）。コンピューターがどんどん勝ってくると、こういう人たちは将来いなくなっちゃうのかな。
山本　アメリカは裾野が広いから、みんなに忘れられても、ある地区でジジイになってもまだやってる、みたいな感じが成り立つんじゃないかな。お金持ちにはなれないかも（笑）。

篠田昌已
『コンポステラ』
puff up
puf-1

山本　後藤さんがふだん聴いてないようなものを聴かせたくて持ってきました。篠田昌已という、じゃがたらのサックスをやってた人のバンドです。
後藤　じゃがたらは聴いたことあります。こういう音には興味ありますね。
山本　ジャズとユダヤ音楽や東ヨーロッパの音楽の融合みたいな感じ。映画関係の人に人気が高くて、映画音楽にもよく使われてます。僕は友達に教えてもらいました。

あとがき

『ゴッチ語録』いかがでしたでしょうか。『ゴッチ語録』というタイトルだけで、なにか天然キャラ扱いされているようでもあり、もしくはもの凄く自意識過剰なヤツだと思われはしないかと、気恥ずかしさでご飯3杯はいける状態ですが、最後にもうちょっとだけ想いを綴って、それを「あとがき」にしたいと思います。

現在、その革新性やメッセージ性、そういった点において一番格好良い音楽は間違いなくヒップホップです。ロックよりもロック的であると言っても過言ではないと僕はいつも感じます。それはなぜか。言葉との向き合いかたが、ロックよりも進んでいるからです。韻を踏み、言葉の持っている発語感などを利用してリズムを追求する。その上、言葉数が多い分、メッセージが伝わり易い。一方で、暴論かもしれないですが、大きな視点から眺めてみると、ロックは言葉を失いつつあると僕は思います（もちろん、歌詞が素晴らしいロック・バンドはたくさんいますが）。自分の歌詞を読み返しても、そう感じることがあるのです。

ただ、そういうことをひっくるめても、僕は美しくてポップなメロディの音楽がやりたいと常に思います。だから、自分の書くメロディの上で、可能な限り自分の想いが伝わるように言葉を選びたい、一字一句無駄にしたくない、そういう想いが、日に日に強まっています。そうすることで、僕の音楽が岩をも転がすモノになるのではないかと、そう思うのです。

今回のゴッチ語録では、原稿を書くことを通じて、いろいろな自分の考えや想いをあらためて発見したような気がします。また、文章を書くことの難しさや面白さにも触れられました。やはり、「言葉」は難しいです。例えば、「優しさ」という単純な言葉にしても、人によって解釈が違います。愛を込めた「馬鹿やろう」という台詞も、受け手の感じ方によっては、全く意味の違うものになってしまいます。「言葉」は万能ではないのです。

音楽が本業なので、こういうハミ出た活動をリリースすることに対して、ラーメン屋のメニューにカレーがあった時のように、「なんかなぁ」と思う自分もちょっとだけ心の中にいますが、この連載を通じて、大好きな音楽のこと、ロックンロールのこと、自分のこと、そして何より「言葉」について考えるという大切な時間が持てました。何年か経って恥ずかしくなる日が来るかもしれませんが、20代の最後に僕はこの本を、これを読んでいるあなたに届けたくなったのです。

ありがとうございました。

２００６年2月

後藤正文

ゴッチ語録A to Z

まえがき

ミュージシャンでありながら、2冊目の単行本を作ってしまうことに多少の恥ずかしさを覚えます。何しろ、タイトルが『ゴッチ語録』なのです。「語録」というのは本来、「笑えるんだけどギリギリ伝説」みたいな人たちが出版するものなのだと個人的には思っていますので、僕のような世間一般の伝説枠にノミネートされていない人間からすると、滑稽さだけがストレートに放出される結果になりはしないかと、とても心配なのです。

この『ゴッチ語録』、当初は「あ」から「ん」まで、50音順に音楽のあれこれについて語るということが連載の趣旨でした。今回は50音順ではなく、「A」から「Z」までアルファベット順で原稿を仕上げていくという内容なのですが、一点だけ前回の連載と違ったのは、「別に音楽だけでなくてもいいよ」というライトなお言葉を編集担当から頂いたことでした。正直、驚きました。編集担当の中での私のイメージが、「ミュージシャン」というフォルダから「なんかオモロイ人」みたいなフォルダに移動させられたのではないかという疑念すら抱きました。「毎回、例によって音源を1枚紹介してください」という言葉がなかったら、完全にそういうことだったでしょう。ギターを売り払って得た金銭で、ボールペン（水性）を何本も買うといった暴挙に出ていたかもしれません。

ただ、今回の単行本化にあたって自分で書いた原稿を読み返してみると、語り口は完全に「なんかオモロイ人」だったかもしれませんが、どんな内容にしても結局音楽に辿り着いてしまうのだなと感じて、少しだけ安心しました。最終回に至っては、連載していた雑誌『ぴあ』の休刊とも重なって、最初の原稿からは思いもつかないところに着地していました。僕がここ何年かの間に書いた文章の中でも、一、二を争う熱の入ったものです。

連載中に起こった東日本大震災の影響もありました。音楽にまつわる文章を書くことはおろか、音楽自体を演奏することが躊躇われる期間が続きました。音楽自体を聴きたいとは思えない日々もありました。2011年の3月11日を何かの象徴のように記号化して扱うことを非難する方もいますが、あの日以前と以後では、決定的に何もかもが違うのだと私は思っています。

ほんの少しだけ時間が過ぎて、今は音楽が持つ力をとても強く感じています。立ち上がろうと思えたとき、踏み出そうと思えたとき、音楽だけではなく、様々な文化的表現物が背中を押してくれました。我々の言葉や音楽は、こういったささやかな想いが芽生える瞬間の、その成長に必要な養分みたいなものなのだと感じました。僕の、この取るに足らない少しの文章で、生活を豊かにする音楽や表現に辿り着いてもらえたら嬉しいです。

後藤正文

2011年12月

ASIAN KUNG-FU GENERATIONのボーカル&ギター・後藤正文（ゴッチ）が、〝ロック〟をテーマに50音順で綴った『ゴッチ語録』の続編となる本作『ゴッチ語録A to Z』は、アルファベット順でお届けします。

■A to Z語録

A

【ASIAN KUNG-FU GENERATION】

ロックをテーマに50音順で綴っていったゴッチ語録。今回からスタートする続編はアルファベットを用いてAからZまで、ということで「初回は何にしようかな……」などと迷うこともなく、きっぱりと私の所属するアジアン・カンフー・ジェネレーションについて書きたいと思います。

アジアン・カンフー・ジェネレーション、略して「アジカン」などと呼ばれることが多い私のバンド。「アジカンって鯵の缶詰かと思った」という、ベタにしてもほどがある冗談や皮肉を言うヤツが一向に減らない現状に腹を立てていることはさておいて、確かに長くて変わった名前だということには、全面的に同意します。

元を辿ると、このバンド名は、とにかく外国人にインパクトを与えるという目的だけが唯一の出発点でした。欧米のバンドと共演する時にアジアのバンドだということを強烈に印象付けたい、そういう出所の不明な海外志向と、カンフー映画にハマっていたという勝手極まりない個人的な事情によって、このクソ長いバンド名は考え出されたのです。結果として、僕がバンド結成を決意するにあたって多大な影響を受けたオアシス[※1]のノエル・ギャラガーをして、「ファッキン・クール！」と言わしめたのだから、僕の命名センスも捨てたものではないのではと、そう率直に思っています。

バンド結成を志すにあたって、一般的に、人は何を最初に行うのでしょうか。恐らく、まずは楽器を買って練習することから始めるでしょう。楽器を既にある程度弾けたとするならば、次はメンバー募集でしょう。それ以外に何かやることがあったら教えて欲しいです。あると言う人がいるならば、小一時間にわたってテレコを回し生い立ちから語ってもらうというスタイルを用いて問い質《ただ》したいところですが、問い質されるべきは僕自身なのでやめておきます。そう、僕こそ、まず初めにバンド名を考えた人間なのでした。

真っ先にバンド名を考えた理由は、自分でもわかりません。コンクリートによって増幅された東京の夏の暑さにヤラレていたのかもしれません。単純にアホだったのかもしれない。けれどもよくわからない確信を持って、「名前で8割か9割決まる」と思っていました。これはもう命みたいなものだろうと、むしろ命そのものだろうと、言語化せずに直感していました。誰かと被ったら、それは即ち埋没を意味していて、バンドとしては死に等しい、と。そういう理由もあって、英単語3つという長いバンド名を選択したのです。

「エイジアン・ダブ・ファウンデーションと被ってるよね」[※2]という突っ込みをクールな面持ちで呟く洋楽ファンもいることでしょう。けれど、それは「耳掃除して欲しい」と「ミミガー食べたい」が内容的によく似た文章だと言うようなものなので、この際は無視したいと思います。涙目で。

さてさて、そんな我々は、『マジックディスク』という傑作アルバムを完成させました。バンド名考案から十数年、漸く辿り着いたひとつの到達点。音楽への愛情と情熱、僅かながらも確かな希望を胸に紡いだ楽曲たちだけが収められています。是非とも、読者の皆さんに聴いて頂きたいです。心の底から、そう願いつつ、第1回の連載はここまでにします。

※1オアシスのノエル・ギャラガー（'67年〜）　90年代後半〜00年代のロックシーンに君臨したバンド、オアシスの中心メンバー。ボーカリストのリアム・ギャラガーは実弟。'09年、兄弟ゲンカが原因でバンドを離脱、オアシスは解散状態に。'11年、ソロアルバム『ノエル・ギャラガーズ・ハイ・フライング・バーズ』を発表。

※2エイジアン・ダブ・ファウンデーション　エスニック・テイストを感じさせる無国籍なサウンド、政治的・社会的なメッセージを反映したリリックで知られるイギリス出身のグループ。メンバーはインド系、バングラディシュ系が中心。

ゴッチによる後日談

「バンド名が長いことは、サインをする時に後悔するよね、未だに。色紙を渡された時は、バランスを考えてバンド名を全部書かないと成り立たないから。小物にサインを頼まれたら、〝AKG〟と略してるけど。例えば、被災地支援に行ってサインを頼まれたら、なるべく多くの人にしてあげたいと思うけど、バンド名が長いことが足枷になって、サインを出来る人数が減ってしまうとかあるからね。カッコイイと思うバンド名？　活動がカッコよければ、バンド名がカッコよく思えてくる気がするけどね。ノエル・ギャラガーに「ファッキン・クール！」って言ってもらえたのは嬉しかった。ネット上では、バカにされたみたいな言い回しに勝手にされてるけど、褒められたんだっての！　これは、声を大にして言いたい！」ゴ

ASIAN KUNG-FU GENERATION

『マジックディスク』 キューンレコード　KSCL-1612

シングル「新世紀のラブソング」「ソラニン」「迷子犬と雨のビート」を含む6thアルバム（'10年6月リリース）。時代性、社会性を色濃く映し出した歌詞を中心に、後藤のソングライティングに大きな前進が感じられる。鍵盤、ホーン、ストリングスが取り入れられた楽曲も新鮮。

B

【Brooklyn】

洋楽の新譜、特にアメリカのポップミュージックをチェックするにあたって、「ブルックリン」という言葉を目にしない週はないと言っていいくらいの状況が、ここ数年続いています。ニューヨーク市はブルックリン区を拠点に活動しているアーティストたちが、ポップミュージックのトレンドになっているのです。[※1]MGMT、[※2]Dirty Projectors、[※3]Vampire Weekend、[※4]We Are Scientists、[※5]TV ON THE RADIO、[※6]The National、[※7]MATT AND KIM、[※8]THE DRUMS、[※9]Battles、[※10]Grizzly Bear、[※11]Clap Your Hands Say Yeah、パッと思いつくだけでも、これだけの数になります。我々の主催する『[※12]NANO-MUGEN FES.』に出演してくれた[※13]Gregory & The Hawk、[※14]NADA SURFもブルックリンで活動するアーティストです。

そういった経緯もあって、「ブルックリンのバンドが最近は多いですけど、どんな場所なんですかね」というような話を、以前にスタッフとした記憶があります。「日本で言うなら下北沢みたいな感じだよね」という受け答えに、なるほどそういう地域はニューヨークにもあるのだなと感心したものでした。ライブハウスや劇場などが密集していて、ミュージシャンや劇団員や芸術家を志す人々が集う街、下北沢。学生の街でもあります。うんうん、そうかそうか、どこの国にもありそうですね、そういう街。でも、ちょっと待て。ニューヨークだぞ。街の質感が全然違うだろ。そんな疑問が湧き、実際に調べてみたところ驚きました。マンハッタンの南側に位置するブルックリン区には、なんと250万人もの人が暮らしているのです。下北沢を含む世田谷区の人口のおおよそ3倍。スケールが全く違います。ブルックリンはアメリカでも有数の人口を抱える地域だったのです。

ブルックリンから多くの有能なアーティストが現れる理由は、こういった人口だけの話ではないでしょう。元来、民族や文化が多様だった地域に、90年代の後半、マンハッタンから多くのアーティストたちがブルックリンへ移り住んだという歴史が関係しています。これには当時の市長、ルドルフ・ジュリアーニが進めた治安改善政策が背景にあります。その時期に移動した（ある意味では追い出された）ポップアートの重心が、今になってブルックリンから一斉に花開いているということなのです。

2010年の冬、実際にレコーディングで訪れたニューヨークは、多種多様な民族の人々で賑わい、猥雑で、エネルギーに溢れた街でした。街並そのものが芸術や、それにまつわる文化を育むような雰囲気に満ちていました。僕の目には、その文化や芸術やエネルギーの根っこが、少なくともいわゆるアメリカ的な場所から伸びているようには感じられませんでした。世界の様々な場所から寄せ集められたような、そんな質感を強く感じたのです。

そんな場所から発せられる昨今のポップミュージックが、どこかポジティブなバイブスに満ちているという事実。これはひとつの、とても明るいトピックスなのではないかと私は思います。2001年の9月11日から約10年、今だからこそ、そうしたニューヨークからの新しいエネルギーに触れて欲しいと思います。

※1 MGMT　アンドリュー・ヴァンウィンガーデン、ベン・ゴールドワッサーにより'02年に結成。メジャーデビュー作（'08年）で一気にブレイク。
※2 Dirty Projectors　デイヴ・ロングストレスを中心とする、'10年代以降のUSインディを代表するバンド。デヴィッド・バーン、ビョークといったビッグネームとのコラボレーションも。
※3 Vampire Weekend　'06年、NYコロンビア大学の学生を中心に結成され、'08年に1stアルバムを発表。

※4 We Are Scientists　キャッチーなメロディとエッジィなサウンドが特徴的な3人組。アジカン主催の『NANO-MUGEN FES. 2011』に出演。

※5 TV ON THE RADIO　'06年の2ndアルバムで世界的評価を得たバンド。トリップ・ホップ、ジャズ、ファンク、ロックを融合した音楽性は、デビッド・ボウイからも絶賛されている。

※6 The National　'99年に結成された5ピースバンド。ニューウェイブ系の陰鬱なサウンドメイクと張りのある低音ボーカルが特徴。

※7 MATT AND KIM　マット・ジョンソン（key&vo）、キム・シフィノ（ds&vo）による男女デュオ。'06年、デビュー。ポップかつパンキッシュな音楽性で人気に。

※8 THE DRUMS　デビュー盤『THE DRUMS』（'10年）が発表された瞬間、メディア／リスナーの間で大きな注目を集めたバンド。

※9 Battles　'02年に結成。アバンギャルドな要素を取り入れたアンサンブル、肉体的なライブアクトによって熱狂的な支持を獲得。

※10 Grizzly Bear　'04年、アルバム『Horn Of Plenty』でデビューしたサイケデリック・フォーク・ユニット。

※11 Clap Your Hands Say Yeah　'05年にリリースされたセルフ・タイトル・アルバムがネットを中心に大ヒット。ローファイにしてポップなサウンドによってインディ・ロック・シーンに大きな影響を与えた。

※12 『NANO-MUGEN FES.』　'03年から行われている、ASIAN KUNG-FU GENERATION主催の国内外のアーティストが出演するロックフェス。

※13 Gregory & The Hawk　透明感のあるウィスパーボイスが印象的なニューヨーク出身のSSW、Meredith Godreau によるプロジェクト。

※14 NADA SURF　'96年、リック・オケイセックを迎えてデビュー・アルバム『High/Low』をリリース。

ゴッチによる後日談

ブルックリンっていうか、結局ニューヨークってことだね。何で、ニューヨークが面白いのか？　実際のところはわからないけど多種多様な人種がいるってこともそうだし、そういう意味ではいろんなカルチャーが混ざり合うから面白いんだよ。ヴァンパイア・ウィークエンドひとつとっても、純粋にアメリカだけの音楽じゃないよね。いろんなものが混ざっているし、意識して混ぜている感じがするし。日本の音楽も混ざっていかなくちゃ面白くならないんじゃないかな。どこかで、何かと何かがぶつかりあったときに面白いものが生まれることは間違いないよ。ゴ

ヴァンパイア・ウィークエンド

『CONTRA』XL Recordings/Hostess BGJ-10059

デビュー作『Vampire Weekend』から約2年ぶりに発表された2ndアルバム。アフロ・ビート、スカ、レゲエ、ギターポップを融合しつつ、キュートにしてポップな音像を描き出した本作は、〝モダンロックの理想型〟として絶賛され、全米チャート1位、全英チャート3位を記録した。

C

【Classic】

「音楽が大好きです」という言葉を僕はよく口にします。その気持ちに嘘や偽りは1パーセントだって含まれていないと断言できますが、正確に言うならば、「ポップミュージックが大好きです」のほうが正しいのではないだろうかと、ときどき考えてしまいます。なぜならば、その言葉通り、僕のレコードおよびCDのラックがロックを中心としたポップミュージックで占められているからです。しかも、現在、どう少なく見積もっても1000枚以上のCDを持っていますが、その9割はいわゆる謂広義での「ロック」というジャンルに属す音源であることは間違いありません。しかも、90年代以降のものが半分以上です。

こんなに偏っていていいのだろうかという疑問を全く持つこともなく、好きなものを好きなだけ聴いて、ここまで来てしまいました。食事で言うならば、なんでもある定食屋に通いながらも、ただひたすら中華料理だけを、更には麺類だけを執拗に食べ続けてきたようなもので、30歳を過ぎて己の偏食家ぶりに驚くのを通り越して、ただただ呆然としてしまうほどです。それでもなんとか、最近では、例えばヒップホップなどの音源を好んで聴くようになったり、読んでいる本の影響などから古いジャズの名盤をほじくり返して聴いてみたり、少しずつではあるけれど、偏った僕のライブラリは改善されつつあります。しかし、どこから聴いてよいものか全くわからないジャンルも存在します。それがクラシック音楽なのです。

そもそも、ロックにしても、ヒップホップにしても、歴史はそんなに古くありません。ロックンロールが誕生したのは20世紀の真ん中あたりだし、ヒップホップが誕生したのは、僕が生まれた１９７６年の2年前だとされています。ジャズはそれよりも少し起源が古くて、１００年くらい前の話。それでも聴ききれないくらいの音源が世の中には存在しています。

クラシックはどうでしょう。パッと思いついたのは、『平均律グラヴィーア曲集』[※1]と音楽室に飾ってあった巻き髪の太ったオッサンという憶えやすい容姿が印象的なバッハ[※2]。彼が活躍したのは18世紀、今から２５０年以上も前。調べてみると、それですらバロック[※3]音楽の後期と言うのだから気が遠くなります。それよりも前の時代にはルネッサンス音楽があり、中世西洋音楽があるのですから。

これはもう、唸るしかありません。膨大な量の音楽がそこにはあります。そして、さらにややこしいことにクラシック音楽の楽しみ方には、作曲者のどの曲かということに加えて、指揮者や演奏者（管弦楽団）などによる違いもあるというのですから、どこから入っていいのか全くわからなくなってしまいます。困ったものです。

もう追いつきません。ロックの新譜も聴きたいし、時間が足りないのです。ということで、せめてザックリとした音楽史だけでも知りたいと、僕は思ったのでした。思えばヒップホップもまずは歴史からひもといていきました。良いのか悪いのかわかりませんが、好きなことの歴史を知るのはとても面白いのです。そういう切り口で、自分なりに掘り進めようと思います。

※1『平均律グラヴィーア曲集』　バッハの作曲による、鍵盤楽器のための作品集。前奏曲とフーガから構成され、第1集は1722年、第2集は1744年に完成。高い芸術性とピアノ教材としての役割を兼ね備えた歴史的名作。

※2バッハ　ヨハン・セバスティアン・バッハ（1685年-1750年）　クラシック～現代音楽の基礎を築き上げた、偉大な作曲家。『平均律グラヴィーア曲集』『ゴルトベルク変奏曲』『フーガの技法』など。

※3バロック音楽　西洋音楽史では、1600年～1750年ごろまでを「バロック音楽の時代」

と区分。この時代の代表的作曲家としては、バッハ、ヘンデル、ヴィヴァルディなどが挙げられる。

ゴッチによる後日談

「クラッシックは、あまり詳しくないのでいろいろ知りたいなと思ったんだけど、悪い癖で音楽の歴史の本から入ってしまって。古典派、バロックよりもさらに昔の音楽のことを、読んでいる。音楽の歴史を勉強するのは面白いよ。昔の吟遊詩人が綴ったものが、ニュースペーパーの役割を持っていたとか、そういう歴史から発想を得て、『THE FUTURE TIMES』（後藤が編集長を務める新聞）を発行したいっていう思いに繋がっていったり。あとは、坂本龍一さんが監修しているCDと書籍がセットになっている『スコラ』を買ってる。これは、もの凄く面白くてわかりやすい」ゴ

チッコリーニ
『ドビュッシー：ピアノ名曲選』 EMIミュージック・ジャパン　TOCE-13157
「ベルガマスク組曲」「アラベスク第1番／第2番」などのドビュッシーの名曲を、世界的名ピアニストであるチッコリーニが演奏。ちなみにアジカンの楽曲「月光」の冒頭には、ドビュッシーの「月の光」が使われている。そのフレーズを弾いたのは、ドラマーの伊地知潔。

D

【Drifters】

ドリフターズ[※1]の看板番組『8時だョ！全員集合』[※2]。繰り返し語られる伝説的なエピソードも凄いのですが、「だョ」の「ョ」が小文字であったことを今さら知って、大変に驚いています。番組のスタートは僕が生まれる何年か前であるにもかかわらず、携帯メールにて頻繁に使われるようになった小文字の数十年先を行くこのセンス。それが凄いのか凄くないのかはまったく分かりませんが、なんだか「！」のマークをふたつくらい増やしたいほどの、得体の知れない感動に襲われています。

最近ではMCのネタにドリフターズを取り上げても、さっぱり話が通じない世代が現れていることをステージ上から肌身に感じて戸惑います。僕らの世代の誰しもが一度は現場で叫んでみたかったセリフ「志村[※3]ぁ〜！　後ろ〜！」ですら、完全にひと昔

前の笑いの種に成り下がってしまったように思えて、少し寂しいです。ドリフターズがまったくピンとこない世代は、是非とも、『8時だョ！全員集合DVD-BOX』[※4]を買って観てください。

さて、このドリフターズ、僕は大学に入学して先輩に聞かされるまで、単なるコントグループなのだと思っていました。今でこそ、そこら中で語り尽くされて驚くことはなくなりましたが、ドリフターズがバンドとしてザ・ビートルズ[※5]来日公演の前座を務めたという事実を耳にした時には素直に驚き、その直後に付け足された「日本で初めてチョッパーでベースを弾いたのは、いかりや長介[※6]」という誰かの壮絶なホラ話によって、その驚きが何倍にも増幅されたことを記憶しています。と、同時に、ドリフターズで大丈夫だったのかという失礼な疑問も抱いたものでした。

あれから15年、当時は一般に普及していなかったインターネットも格段に進歩して、過去の様々な映像を動画サイトで観ることができるようになりました。ドリフターズが武道館で演奏する「のっぽのサリー」[※7]も観ることができます。仲本工事がメインボーカルという事実に、「お前が歌うのか」というツッコミを誰しもが入れたくなるのでしょうけれど、これが渋い歌声で格好良いのです。加藤茶がドラムを叩く様も、なんだかとても良い雰囲気です。高木ブーと荒井注がギターを抱えてステージを走りまわったり、ドラムの音圧に驚いてコケたり、最後の「バカみたい」という加藤茶のおどけたセリフにコントグループの片鱗は感じられましたが、普通に演奏したら普通に良いバンドなのではないかと思える映像でした。

しかし、熱狂的なファンでパニック寸前のザ・ビートルズの来日公演、そこで演奏する気分というのはどうだったのでしょう。しかも「のっぽのサリー」はカバー曲ではあるけれど、ザ・ビートルズがA面シングルでリリースした曲です。本家の前で、彼らのレパートリーを彼らのファンを前に演奏するなんて、僕だったらできません。逃げます。

ちなみにこのザ・ビートルズ来日公演は、名盤『ラバー・ソウル』の発売直後とのこと。本当にザ・ビートルズを生で観るチャンスがあった世代を羨ましく思います。幸運にも目撃できた人のことはさらに。ドリフターズを長々語ってアレですが、ザ・ビートルズを生で観てみたいものです。

※1ザ・ドリフターズ　いかりや長介、加藤茶、高木ブー、仲本工事、荒井注、志村けんらが在籍した、音楽／コントを主体としたグループ。70年代から80年代前半にかけて、国民的な人気を獲得。
※2『8時だョ！全員集合』　'69年から'85年にかけて放送されたザ・ドリフターズのバラエティ番組。数々のギャグ、名コントを生み出し、最高視聴率が50％を超えるなど、一大ブームを巻き起こした。
※3「志村ぁ〜！　後ろ〜！」　『8時だョ！全員集合』のコント中、志村が後ろから追いかけてく

るオバケ、老婆などに気付かない時、観客の子供たちが大声で叫ぶお約束のフレーズ。
※4『8時だョ！全員集合 DVD-BOX』『ザ・ドリフターズ 結成40周年記念盤 8時だョ！全員集合DVD-BOX』。16年間の放送のなかから、大掛かりなセットを使用した名作コントを中心に収録。
※5ザ・ビートルズ来日公演 '66年、日本武道館で行われたザ・ビートルズの来日公演。6月30日から7月2日にかけて5公演が行われ、「Day Tripper」「Yesterday」「Nowhere Man」などが演奏された。
※6いかりや長介（'31年〜'04年） ザ・ドリフターズのリーダーとして国民的人気を得たあと、俳優としても活躍。'99年、『踊る大捜査線 THE MOVIE』で日本アカデミー賞最優秀助演賞を獲得。
※7「のっぽのサリー」 原題『Long Tall Sally』。'56年、リトル・リチャードがリリースしたロックンロールの古典的名曲。エルヴィス・プレスリー、ビートルズ、キンクスなどもカバーしている。

ゴッチによる後日談

「ドリフターズって、若い子たちはわからないのかな？ いかりや長介って言ったら、ドリフっていうより『踊る大捜査線』の役者のイメージが強いのかもね。ドリフターズは、ザ・ビートルズの前座を務めたけど、俺たちは２００５年にオアシスと共演して。名古屋で『SUMMER SONIC EVE』ってイベントがあって、オアシスとカサビアンとアジカンでライブをやったんだよ。俺たち、打ち上げにまで出たからね。ノエル・ギャラガーが、俺たちに会うなりカンフーの構えをして、「お前たちカンフーできるのか？」ってジョークを飛ばされた（笑）。その日が、オアシスのベースのアンディの誕生日だったから、オアシスもカサビアンもみんな打ち上げにも参加したんだよ。カサビアンのセルジオには、「サイレン」を〝めちゃくちゃ良い曲だ〟って褒められたんだよ、本当に」ゴ

ザ・ビートルズ
『ラバー・ソウル』 EMIミュージック・ジャパン TOCP-71006
フォークロックからの影響、サイケデリックミュージックの要素を取り入れるなど、音楽性の幅を大きく広げた6thアルバム（'65年）。インドの弦楽器・シタールを用いた「Norwegian Wood（ノルウェイの森）」、愛をテーマにした「The Word（愛のことば）」など、14曲を収録。

E

【Ecology】

「エコ」という言葉を頻繁に目にするようになったのは、21世紀に入ってからでしょうか。完膚なきまでに省略されてしまって、最早ハングル文字のようにも見えなくないこの「エコ」ですが、本来は生態学という意味での「エコロジー」、そして生態学的な判断から環境問題に取り組む「エコロジー運動」、そういう言葉を語源に持っています。それがいつしか、本来の学問的な分野を離れて、科学的な根拠が曖昧な部分を抱えた大きな風船のように膨れ上がってしまいました。そして、今や何にでもペタリと張り付いている壮大なキャッチコピーみたいな言葉になってしまったのです。多分に漏れず、このスタンプは大きなロックフェスやコンサートなどにも添付されまして、特に日本のロックフェスではゴミの分別などが、観客の善意とスタッフの努力に

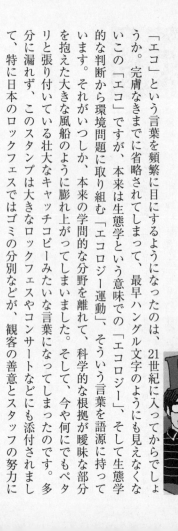

よって行われています。もちろん、これは良い方の側面です。

一方で、日本のフジロックフェスティバルのロールモデルとして有名なイギリスの[※1]グラストンベリーフェスティバル、こちらは映画や写真で見る限り、観客のマナーが良い日本のロックフェスとは違い、終演後はそこが牧場であったことを忘れるくらいのゴミで埋まります。もう、それは豪快に、全くもって「エコ」には程遠く、２、３周回って清々しいと錯覚してしまうほどです。

ただし、よくよく考えれば日本のロックフェスティバルも、一所に大勢の人間が集まって飲めや歌えの大騒ぎをするわけなのですから、そのエネルギーの消費量、そしてゴミを含めた排泄物は膨大なものになります。何万人が集まることにだって、多くのエネルギーが消費されるのです。そういう意味で、「エコ」とは程遠い催しものなのです。ましてや、出演者の大半がエレクトリックギターなどの電気を使った楽器を演奏し、電気の力で増幅させて楽しむわけなのですから、電気エネルギー、二酸化炭素の問題とは切っても切れない関係なのです。

なんなのでしょうか、「エコ」。どうしたら良いのでしょうか、我々のようなロックバンドたちは。集まるだけで反「エコ」なわけなのです。問題をかなり乱暴に単純化すれば、コンサートでエコロジー運動を呼びかけるよりも、そこに集うはずだった観客たちに、「今日一日家の暗がりでじっとしていて欲しい」と呼びかけたほうが環境に良いということなのです。お手上げなのです。

だから本来は、ロックバンドが「エコでヨロシク」だなんて言ってはいけないのです。「電気をバリバリ使って恐縮です。せめてもの罪滅ぼしというか、楽しんだ分の対価として、せめてこの場所だけは綺麗にして、イッパイ思い出作って帰ろうぜ」と、そういうMCをしなければなりません。ロックフェスティバルやコンサートにおける「エコ」は奉仕なのです。本来、愛なのです。

というわけで、夏フェスシーズンが始まりますが、楽しんだ分だけその場所に還す気持ちで参加したいと思います。積極的にこの夏を楽しみあげたいと思っています。

※1グラストンベリーフェスティバル　'70年からイギリス・ピルトンの広大な農場で行われているロックフェスティバル。2011年のヘッドライナーはU2、コールドプレイ、ビヨンセ。2012年は開催されないことが発表されている。

ゴッチによる後日談

「私生活でのエコ的な行動と言えば、車は持たないとかゴミの分別をちゃんとするとか。ここにも書いたように、音楽まわりってエコに対して意識的だし、電気とかもLEDに変えて電力消費を下げようって動きがあっていいことだと思う。実際の生活の中に、もう少し取り入れられたら、よりいいと思うんだよね。なるべく余計な物は買わないようにしたり、コンビニとかで袋に入れてもらわないとか」ゴ

【FUJIROCKERS−フジロッカーズ】
『THE HISTORY OF THE FUJI ROCK FESTIVAL』
WHD エンタテインメント　IEBP-10047/8
'97年から'07年までの11年間のフジロックを振り返ったドキュメンタリーDVD。レッド・ホット・チリ・ペッパーズ、ビョーク、プライマル・スクリーム、ブランキー・ジェット・シティなどのライブ映像のほか、出演者へのインタビューなどもたっぷり収録されている。

F

【Free Market】

いやはや、久々の連載だもんで、文体が定まりません。「だもんで」という東海地方の方言が飛び出すほど不安定な状態ですが、恐らく「J」の回くらいまでには文体が固まってくるかと思いますので、申し訳ないのですが、長い目でお付き合いください。どこかの回で急激に文章が上手くなった場合は、恐らくゴーストライターの仕業かと思います。その時は正直に言いますね。

さて、今回は「F」です。Fと言えばフリーマーケットですよね。日本人の8割がそう答えるでしょう。それ以外考えられません。だから、今回はフリーマーケットの思い出について書きます。

僕が初めてレコードプレイヤーを買ったのは、井の頭公園で行われていたフリーマ

ーケットでした。当時、僕は予備校に通っていたのですが、授業の後は決まって古着屋巡りと、井の頭公園をフラフラすることが日課になっていました。予備校のある場所から、丸井の脇の道を抜けて、いつものように公園に向かうと、そこではフリーマーケットらしき催しが行われていて、どこで拾って来たのかわからないようなクオリティの家電用品が、その一角にたくさん並べられていました。直感で、「これはマズいな」と思いました。明らかにゴミを売っていたからです。もうそれは、人生経験の少ない18歳の僕から見ても、完全にどこかで拾ってきたゴミでした。ただ、僕は不幸なことにも、東京に出て来たての若者が必ず所持しているズル剝けの好奇心によって完全に心を支配されていたのです。結局、そのゴミの山を物色するという行為に出てしまったのです。

隅から隅まで眺めていると、ふと、年季の入ったレコードプレイヤーに目が止まりました。状態はそんなに良さそうではありませんが、販売しているオジさんに聞いてみると、音は「しっかり出る」ということでした。しかも、「スピーカーを付けて5000円で良い」と言うではないですか。驚きました。洋楽にハマりはじめ、レコードで音楽を聴きたいと思いはじめていた僕の心は揺れました。オッサンからゴミを5000円で買う、言葉にしてしまえばそういうことです。今ならば、絶対に買いません。ただ、どういうわけか、「こんな変なシチュエーションでレコードプレイヤーを買う俺、イケてるかも」というとんでもない結論に達してしまったのでした。おかげで、帰りは生身のレコードプレイヤーとスピーカー2台を担いで、中央線で帰ることになってしまいました。「あれはゴミではないのか」という乗客たちの視線が痛かったことを憶えています。とても恥ずかしかったです。

その後、ニルヴァーナ[※1]、フー・ファイターズ[※2]、ブラー[※3]と、何枚かのレコードを立て続けに買いました。そして、レコードプレイヤーとスピーカーを繋ぎ、僕は今にも躍り出しそうな心を必死に抑えながら、静かに針をレコードに落としたのです。

「音、小っさ」

そうなのです。レコードはフォノ信号[※4]なので、アンプで増幅しないと聴くことができないのです。僕は半泣きで、蚊の鳴くような音量に耳を傾け、しばらくするとそれにも飽きて、そっとプレイヤーを片付けたのでした。

※1ニルヴァーナ　80年代後半~90年代にかけて大きなムーブメントとなった〝グランジ・ロック〟の中心的バンド。2ndアルバム『ネヴァーマインド』('91年)の大ヒットにより、世界的な成功を手に入れるも、'94年、カート・コバーン(vo&g)の自殺により活動休止。

※2フー・ファイターズ　ニルヴァーナのドラマー、デイヴ・グロールのソロ・プロジェクトとしてスタートしたロックバンド。

※3ブラー　90年代のイギリスで巻き起こった〝ブリット・ポップ〟の代表的なバンド。

※4フォノ信号　レコードに記録された信号。大きく変換して記録されているため、正常な音質で聞くためには、信号の変換装置であるフォノイコライザーに接続する必要がある。

ゴッチによる後日談

「自分で出したことのあるフリーマーケットは、高校の時の文化祭かな。でも、学園祭で利益が出たらよくないから、学校側とやっていいか悪いかどうかで揉めたね。結局、その利益を全額寄付しますってことで、やれたんだけど。俺は、当時ジーパンを集めていたから、ジーパンをたくさん持っていった。１００本くらい（笑）。俺は、高校生のころ古着屋になりたいって思ってたからね」ゴ

フー・ファイターズ

『フー・ファイターズ』Sony Music Japan International　BVCM-21332
'95年の1stアルバム。楽曲はニルヴァーナ時代から制作されていたものが中心。ほぼすべての楽器をデイヴが演奏するなど、実質的にはソロアルバムとしての色合いが強い。ハードロック的なサウンド、開放的なメロディなど、〝フーファイ〟の個性が既にしっかりと発揮されている。

G

【George】

ドイツ語ではゲオルク、フランス語だとジョルジュ、イタリア語ではジョルジョ、ギリシャ語だとヨルゴス、ハンガリー語ではジェルジ、ラテン語だとちょっと長くてゲオルギウス、スペイン語ではホルヘ、ロシア語の場合はゲオルギー。これ何だと思いますか。実は英語のジョージにあたる各国の名前なのだそうです（※ウィキペディアを露骨に参照）。ホルヘとジョージは同じだったのかと、今まで感じたことのないタイプの感動に襲われていますが、今回はGということで、世界のジョージについて書きたいと思います。

ただし、ジョージと一口に言いましても、王侯貴族からNHK教育で放送されているアニメのキャラクター『おさるのジョージ』[※1]まで、本当に幅広くたくさんのジョー

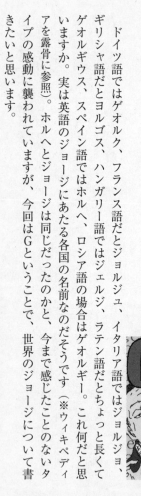

ジが歴史に名前を残しています。馴染みの深いポピュラーミュージック界におきましてもザ・ビートルズのジョージ・ハリスン、同バンドのプロデューサーであります[※2]ジョージ・マーティン、失礼ながら同じ枠でくってしまいますが[※3]ジョージ・マイケルに[※4]ボーイ・ジョージ、THE虎舞竜の高橋ジョージ、柳ジョージがいます。また、思想家のバタイユや画家で彫刻家のキリコも言語は違いますがジョージと同じ名前を持っていますし、[※5]ジョージ・ルーカスや[※6]ジョージ・クルーニーといったハリウッド映画の名監督と映画スター、所ジョージ、そして更にはふたりのジョージが過去にアメリカの大統領になっています。いろいろな名前には、それぞれ成功した人たちがいるのでしょうけれど、ここまでくると超ド級のメジャー感を「ジョージ」という名前そのものから感じずにはいられません。

「いやいや、ジョージだけではないでしょう」という意見もあるでしょうから、ザ・ビートルズを例にとって、「ジョン」で調べてみました。同じくポピュラーミュージック界では[※7]ジョン・ボン・ジョヴィ、[※8]レッド・ツェッペリンのジョン・ボーナム、[※9]クイーンのジョン・ディーコン、ジョン・B・チョッパー、サックス奏者のジョン・コルトレーン、『カントリー・ロード』のジョン・デンバー、ジョン万次郎など、音楽や芸能にまつわる場所で活躍している人が多いのが特徴です。言われてみれば、確かに「ジョン」もメジャーな名前ではありましたが、「ジョージ」ほどの幅の広さは持ち合わせていませんでした。
念のため「ポール」はどうでしょうか。[※10]ポール・ギルバート、セックス・ピストルズのポール・クック、サイモン&ガーファンクルのポール・サイモン、[※11]ポール牧、[※12]ポール・ロジャースといったところが音楽関連、パオロやパブロといったイタリア語／スペイン語の界隈ではほとんどがサッカーなどのスポーツ選手といったところでありました。他にも、芸術家、思想家、詩人と多くのポールさんが活躍していますが、やはり「ジョージ」に軍配を上げたいと思います（※「リンゴ」については割愛させて頂きます）。

しかし、よくわからないけれど凄いですね、ジョージ。今回のGはテーマが見つからず締め切りに向けて四苦八苦する中、突破口を開いてくれたのはそんなジョージたちでした。ありがとうございます。

※1『おさるのジョージ』50年代から幅広い世代に親しまれている絵本シリーズ『ひとまねこざる』のアニメーション版。

※2ジョージ・マーティン（'26年〜）イギリスの音楽プロデューサー。ビートルズの、ほぼすべての作品を手がけた。

※3ジョージ・マイケル（'63年〜）80年代にヒット曲を連発したワム!のメンバーとして活躍した後、'87年、アルバム『Faith』でソロ・デビュー。

※4ボーイ・ジョージ（'61年～）'82年、カルチャー・クラブのボーカリストとしてデビュー。女装ルックと中性的なボーカルによって世界的な人気に。
※5ジョージ・ルーカス（'44年～）『スター・ウォーズ』シリーズ、『インディー・ジョーンズ』シリーズで世界的な成功を収めた映画監督／プロデューサー。
※6ジョージ・クルーニー（'61年～）テレビドラマシリーズ『ER緊急救命室』のダグ・ロス役でブレイク。
※7ジョン・ボン・ジョヴィ（'62年～）アメリカを代表するバンド、ボン・ジョヴィのボーカリスト。
※8レッド・ツェッペリンのジョン・ボーナム（'48年～'80年）ハードロックバンド、レッド・ツェッペリンのドラマー。
※9クイーンのジョン・ディーコン（'51年～）「We Will Rock You」などで知られるイギリスのロックバンド、クイーンのベーシスト。
※10ポール・ギルバート（'66年～）アメリカのハードロックバンド、MR.BIGのギタリスト。
※11ポール牧（'41年～'05年）〝指パッチン〟で知られるコメディアン。'68年、コント・ラッキー7を結成。90年代、ピン芸人として再ブレイク。晩年は僧侶としての活動にも力を注いだ。
※12ポール・ロジャース（'49年～）70年代に活躍したイギリスのバンド、フリーのボーカリストとしてデビュー。その後、バッド・カンパニーを結成、商業的にも成功を収める。

ゴッチによる後日談

「「G」はネタに困ったんだよね。ジョージっていっぱいいるなと思って、いろんなジョージについて書いていった。「正文」って、磯部正文さん以外、他ではあまり会ったことがないな。この「正文」っていう名前は、爺ちゃんが付けたんだけど、今こうやって文章を書いたりする仕事をしているのは、なんだか不思議な感じがする」ゴ

ジョージ・ガーシュウィン

『Piano Rolls 1』輸入盤
アメリカのポピュラー・ミュージックの基礎を作り上げた作曲家、ジョージ・ガーシュウィン（1898年〜1937年）の自作自演によるピアノ・アルバム。代表曲「ラプソディ・イン・ブルー」のほか、「パリのアメリカ人」「スワニー」など耳なじみのある楽曲が数多く収録されている。

H

【Hip-hop】

ヒップホップという文化が面白いと思いはじめてから、ずいぶんと時間が経ちました。相変わらずロックバンドに対する偏見は大小様々なものが存在しているとは思いますが（僕がバンドを結成した頃は、バンドマン＝化粧という偏見が主にコンパの席においてありました）、あまり音楽に興味のない人が抱いている間違ったイメージはヒップホップのほうが大きいのではないでしょうか。今回はひとりの音楽ファンとして、『ぴあ』を購読している皆さんにヒップホップに対する誤解を少し解きほぐして頂いて、ひとつのアートフォームとして興味を持ってもらうことを目的に書きたいと思います。

まず、多くの人が食わず嫌いならぬ聴かず嫌いを肯定するときに言う「なんかダジ

HiPhoP
世間で誤解されてる
イメージをさらに
うろおぼえのまま
描いてしまおうという試みその1
い、お金もらってしま

ャレみたい」というセリフを末代まで夢に出てうなされそうな勢いで否定したいと思います。皆さんが「ダジャレ」だと思っている行為こそ、「押韻《おういん》」というれっきとした文学的な行為なのです。恐らく、偏見を持っている人たちは、テレビのバラエティ番組などでデフォルメされた「YO」とか「HO」などを多用する映像の印象が強すぎるのだと思います。そういう前時代的なパブリックイメージの裏側で、現代のラッパーたちの「押韻＝ライミング」は常に進化し続けているのです。

本来は詩において、「韻＝同一または類似の音を、一定の位置に繰り返し用いること」は「詩＝韻文」そのものであると言っても、言い過ぎではありません。特にポップミュージックにおいては、メロディに言葉を併せるだけでも難しいことなのですが、韻を踏むことによって、そこにリズムを生み出していくのです。そう、「押韻＝ライミング」は、高度なテクニックなのです。

ロックなどの音楽でも、頻度の差こそあれ、この「押韻」という文学的かつ音楽的な行為はとても重要なものです。例えば、私が尊敬を通り越して崇拝している、オアシスのノエル・ギャラガーは「脚韻＝語尾で韻を踏むこと」を多用したソングライティングをしています。それによって、メロディに一定の規律が生まれ、そこに心地よさや馴染みやすさが宿るように僕は感じます。僕はソングライティングを始めるにあたって、このノエル・ギャラガーの手法（韻を踏むことのほうが詩の内容よりも大切というようなインタビューを読み、それをそのまま真に受けた）を参考にしました。ですから、「韻」に対しては、恐らく同世代のロックミュージシャンたちよりも意識的だと自負しています。それでも当初は、英語で詩を書くことによって作曲を学びました。日本語で同じことを始めるにあたって、本当に苦労したことを憶えています。日本のラッパーたちは、それよりも言葉に特化した場所で「韻」と格闘しているわけなのです。

文字数の関係で、作詞以外の魅力について言及することができませんでしたが、詩人たちの詩の朗読の延長線上で、文学とヒップホップはクロスしているということを知って貰えたらと思います。ひとまずはここから、何かしらのレコードへの入り口になることを願って。

ゴッチによる後日談

「日本の音楽に乗っている言葉は、散文的過ぎる印象がある。音楽にのめり込んだのは、オアシスの存在があったからで。原稿にも書いたけど、ノエル・ギャラガーは、とにかく韻を踏めって言っていて、それに従って作っていったんだ。韻を踏む方法でいうと、最たるスタイルがヒップホップだね。逆に今、ヒップホップで散文をやったり、韻を踏まないやり方もカッコイイなとも思うけど。ヒップホップは音楽自体が素晴らしいっていうのもあるんだけ

ど、ユースカルチャーやストリートの匂いもあるし、そこから社会を見ることができるっていうのもあるんだよね」ゴ

RHYMESTER
『メイドインジャパン～THE BEST OF RHYMESTER～』
キューンレコード　KSCL-1115/6
ジャパニーズ・ヒップホップを牽引するRHYMESTERの初のベスト・アルバム（'07年1月発表）。クレイジーケンバンド、SUPER BUTTER DOG、SCOOBIE DO、FIRE BALLなど、ジャンルを超えたアーティストとのコラボレーションナンバーを含め、全26曲を収録。

【Illegal】

イリーガル（Illegal）。これは「違法な」、もしくは「非合法な」を意味する英単語です。今回は音楽にまつわるとても大きな問題、違法コピーについて書きたいと思います。

読者の皆さんもご存じのように、僕らがＣＤなどでリリースしている音源を「個人的な範囲を超える使用目的で複製する」こと、そして「ネットワーク等を通じて収録された音を送信できる状態にする」ことは著作権法によって禁じられています。ところが、ネットを通じて様々な方法で違法にアップロードされる音源は後を絶ちません。

思い返せば僕が中学生や高校生だった80年代後半から90年代の中頃、当時の少ない小遣いでは３０００円もするＣＤを何枚も買うことはできず、ＣＤと言えばレンタルショップで済ませていました。そして、借りて来たCDをカセットテープにダビングして音楽を楽しんでいました。また、友人から借りたCDやカセットテープからダビングしてもらうこともありました。これらの行為に後ろめたさを感じる人は、僕の同世代にはほとんどいないと思います。

さて、時計の針は進みまして90年代の後半、僕が大学生だった頃、急速にパソコンとインターネットが普及します。当時は通信の速度が遅かったために、ネット上での音源ファイルのやりとりは一般的に行われていませんでしたが、PCに接続してCDをCD-Rに複製する機械とソフトが手に入るようになりました。そうすると、友人同士でやりとりしていたCDの貸し借りに混じって、「CD-Rに焼く」という共有方法が生まれます。テープがCD-Rに変わったわけです。テープとの違いは、中身の音源を劣化させることなく複製することができるようになったわけです。

そして現在。送受信可能なファイルの大きさも、通信速度も、すべてにおいて10年前とは見違える進歩がありました。この便利さが当たり前という世代には、エロ画像ひとつダウンロードするのに何十分もムラムラしながら待たされた時代があったということが信じられないかもしれません。今では、数メガバイトのMP3ファイルならばものの1分で送ることができるようになったのですから。こうなってしまえば、CD-Rを介せずとも友人同士で直接音源ファイルを受け渡しするようになるのは当然です。これらの行為には何ら悪意はないですし、音楽が好きな人たちが音楽を楽しむ方法として行ってきたことが、時代に合わせて形を変えただけなのですから。

ただし、インターネットは友人関係などを超越して、大きなネットワークを共有することができます。これを使って不特定多数でひとつの音源を共有したり、営利目的で販売などを行うことは明らかに違法性があると思います。ですが、これらを取り締まる目的でリスナーの楽しみ方に制限がかけられるようなことがあってはならないとも、僕は思っています。作る側や売る側の我々も、複製を制限している正規のCDもまた「複製」であるという矛盾について、真剣に考えなければならない時なのだと思います。

最後にひと言、違法コピーは絶対ダメ。それは文化にまつわる何かを緩やかに殺します。

ゴッチによる後日談

「著作権法は、疲弊しているところはあるね。世の中の人が聴いてくれるなら、YouTubeみたいなアップのされ方はいいと思うんだけど、タダで落とせるっていうものに関しては、作った人たちの何かしらの権利を蹂躙しているとは思うんだよね。一方で、著作物の権利が声高に叫ばれ過ぎている気もする。サンプリングに使ったくらいで、もう一度金を取ろうなんて本当はどうかと思うよ。サンプリングをフリーにしなかったら、文化が死んじゃう。

僕はそう思うな」ゴ

レディオヘッド
『IN RAINBOWS』Hostess Entertainment　XCXX-60001
'07年に公式ホームページ上でダウンロード販売された。前代未聞の価格一任制だったことも併せて、世界中がニュースとしてとり上げた作品。エレクトロ・テイストの楽曲、ストリングスを用いた壮大なナンバーからピアノを中心としたバラードまで、幅広いサウンドが楽しめる。

J

【J-pop】

日本語において、「J（ジェイ）」という言葉をやたらと目にしたり耳にしたりするようになったのは、90年代に入ってからだったと僕は記憶しているのですが、皆さんはどうでしょうか。最もポピュラーだったのは「Jリーグ」ですよね。ワールドカップ予選とも重なって、当時は空前の「Jリーグ」[※1]ブーム。高校の体育の授業のサッカーでも、ゴールが入るたびに誰かしらがカズダンスのモノマネを披露していたような時代です。そして僕が記憶するに、日本の歌謡曲を「Jポップ」と皆が呼びはじめたのもこの頃だったと思います。当時の言葉で「トレンディ（最新流行の意）」な、つまりはイケているものの呼称としての「J」だったのです。ドラマの主題歌のCDが何百万枚も売れたり、それを大衆がこぞってカラオケで歌ったり、バブル経済の勢い

にも乗って、日本のポップスがとても華やかだった時代の話です。

90年代の後半に入ると、いわゆるロックバンドもそういった「Jポップ」の一部としてお茶の間を席巻して、とても大きなムーブメントになっていったように記憶しています。一方で、そういう「Jポップ」的な華やかさ、誤解を恐れずに言い換えれば商売の香りに違和感を覚えるような気持ちも、一部のリスナーの中で芽生えはじめたのだと思います。実際に僕も、10代特有の納め所のないエネルギーを四方八方にまき散らしていましたので、ここには書けない罵詈雑言の類を、バンド仲間などと居酒屋のジョッキグラスに向けて吐き出していました。勢いあまって、便器やエレベーターホール、路上などにもまき散らすこともありました。ただし、自戒するならば、自分が世に認められない苛立ちを転嫁させていた部分も、少なからずあったのだと思います。

ですが、やはり「Jポップ」が売り上げ合戦の様相を呈していた時代があったのは紛れもない事実ではないでしょうか。驚くほどの速度で音楽は消費されて、音楽業界は大きな産業に発展しましたが、そのあとに何が残ったのかを考えると空しい気持ちになります。僕個人の気分で言えば、今でも「Jポップ」という言葉で括られることに、かなりの違和感を持っています。それは言葉自体がここ10年でまとってしまったフィーリングを、生理的に拒絶している部分もあります。ボーダーレスな時代においての、「J」という限定的な言い回しにも。

ただ、「Jポップ」が生んだ潤沢な資金がある意味で、我々や僕らが憧れているバンドやミュージシャンを育んだということも、事実です。売れている音源の利益によって支えられた音楽活動もあるということです。だから本当は、日本の大衆音楽における「Jポップ」的な場所を、もう一回立て直さないといけないのです。部分的に失ったであろう、リスナーからの信頼を勝ち得ないといけない。できれば「Jポップ」という言葉を使わずに、そういうことをしたいなと最近の私は思っています。良い音楽が華やかな場所で鳴る時代のことを夢想しています。

※1カズダンス　三浦知良（現・横浜FC）がゴールを決めたときに行うダンス・パフォーマンス。手を大きく回しながらステップを踏んだあと、股間を握るポーズを取るのが基本。

ゴッチによる後日談

「「Jポップ」っていうのが、ある種の差別用語として使われてる感じがする時がある。ただ、日本国内で鳴らされるポピュラーミュージックは、演歌もポップスもロックもヒップホップも「Jポップ」だよね。だんだん、いろんなところでいろんな人との対流が始まっているから、「Jポップ」って言葉は、しばらくすると使われなくなっていくと思うけどな」ゴ

電気グルーヴ

『J-POP』キューンレコード　KSCL-1230

『VOXX』（'00年）以来、8年ぶりにリリースされたアルバム（'08年）。ダンス・ミュージック／テクノとしてのクオリティの高さに加え、〝J-POPの括りの中で聴かれる音楽〟が意識され、ポップスとしても十分に楽しめる作品に仕上がっている。シングル「少年ヤング」「モノノケダンス」収録。

K

【Kita Kensuke】

今回は、我らがアジアン・カンフー・ジェネレーションの喜多建介について書きたいと思います。彼のエピソードは本当にたくさんあって、本来ならばこのページに収まるどころか、『ぴあ』1冊まるごと彼の特集もできるほどなのですが（売れるか売れないかは別にして）、この連載について彼に打診しましたところ、「俺の評判を落とすなよ」という忠告を受けまして、しかも、そう言う彼の目が全く笑っていなかったという事実も踏まえて、今回は多少内容に注意を払いながらお送りします。

彼との出会いは大学1年生の時に遡ります。今では、タバコや酒で焼けてしまったのか幾分低くなりましたが、出会った当時の彼は普段から声が非常に高く、それは「この人、大学生なのに声変わりしていないのかな」と思うほどで、その高さだけで

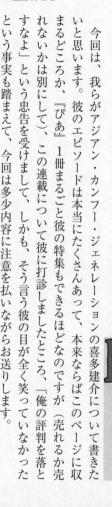

印象に残ってしまうような声だったことを記憶しています。余談を加えるならば、「ていうか」という逆説的な言い回しで会話を始める癖が当時はあって、大学の軽音楽部で一世を風靡するほどにモノマネされてしまうという、大変な人気者でありました。

そんな建さんとは、出会ったその日にバンド結成の約束をしました。心の中では「声が妙に高いな」と思いながらも、彼とは当時何度目かの黄金期を迎えていたUKロックなどの話で意気投合し、一緒にバンドをやろうという話になったのです。とてもわくわくしたことを覚えています。

翌日、僕は大学の中庭でコーヒーを飲みながら、講義までの時間を潰していました。すると突然、背後から「犬笛かな」と一瞬だけ思ってしまうような甲高い声で、「後藤君」と誰かが呼ぶではないですか。そんな高い声を出す知り合いは建さんしかいないのですぐにわかりましたが、夜間部の学生である僕と会うにはそれなりの時間を待たないとならない状況でしたので、「待ち伏せ!」と、少しだけ驚いたことを記憶しています。そして、しばしの談笑を経て、彼の口から出た言葉を私は生涯忘れないと思います。

「昨日、バンドやるって言ったよね?」ちょっと怖いなと思いました。「私たちって付き合ってるよね?」って聞いてくる女の子と同じ感じというか、今から思えば脅されているかのような雰囲気で笑えます。それでも、彼がこうして誘ってくれたお陰で今の自分があるので、いろいろな場所でネタにして面白がっていますが、彼にはとても感謝しています。

今ではギタリストという雰囲気の喜多君ですが、当時はボーカルをやりたいと熱く語っていました。フロントマン志望だったということです。僕もボーカルを志望していましたし、彼は音楽初心者の私と違ってギターが上手だったので、このままではクビになってしまうと、そういう危機感を当初はいつも持っていました。それが僕を作曲に向かわせるのですから、出会いって面白いなと思います。楽器が上手に弾けない私は、曲を書く以外に自分のアイデンティティをバンドの内側に見出せなかったですから。本当に、良いメンバーに恵まれています。

ゴッチによる後日談

「「K」の回は、ケンちゃんのことを書いたんだけど、今だったら、絶対〝K-POP〟について書いただろうね。これは選択ミス（笑）。少女時代とか、最高だからね。まぁ、ケンちゃんこそアジカンだよ、シンボルだよね。今も昔も変わらない、愛すべきクソ野郎だよ」ゴ

クーラ・シェイカー

『K』Sony Music Japan Internatioal　ESCA-6498

美貌のフロントマン、クリスピアン・ミルズを中心とするロンドン出身のロックバンドのデビュー・アルバム（'96年）。60年代風のロックンロール、アジア（特にインド〜バングラディシュ）の雰囲気を感じさせるサウンドを融合させた音楽性によって、大きな注目を集めた。

L

【Lemon Sour】

もう一生分は摂取したなと思えるもののひとつやふたつ、三十路に到達すれば誰にでもあるのではないかと、そんな下らないことを考えてみたことはありますか。僕の場合は、レモンサワーですね。これはもう、大学時代に一生のうちに体内に入れていい容量を擦り切れ一杯まで飲みました。

学生時代はお金が全くなかったのですが、横浜のリヴァプールこと金沢八景（駅前で毎日、ビートルズが流れていたのでそう仲間内で呼んでいました）には、レモンサワー1杯を衝撃の270円で提供してくれる某Y老乃瀧という居酒屋がありまして、軽音楽部の仲間たちと入り浸っていました。[※1]直営店ではないことが原因なのかマスターの学生への愛なのかはわかりませんが、ゼロ年代のデフレ経済を先取りしたかのような価格設定で、大変にお世話になりました。ただし、生ビールだけは一般的な価格設定でしたので、「ブルジョワの酒」として敵視していました。価格の内訳の、そのほとんどが税金であるということも、我々の反生ビール運動を加速させました。我々は常に酎ハイ、レモンサワー、ライムサワーというサワー御三家（焼酎の濃さをそれほど感じないけれど、４杯飲んだら確実にヘベレケになりました）を中心に飲み、ビールは瓶に限ると、そう決めていました。それが暗黙のルールでした。メジャーリーグならば、次の打席でビーンボールが飛んでくるような、そういう類の掟でした。それでも、大の生ビール好きで有名な我らがベーシスト、山田貴洋だけは空気を読まずに生ビールを頼み続けていましたが。おのずと、彼に声をかける機会は減りました。

この飲み会に集まる面々を、我々は自らドクロ団と呼んでいましたが、ドクロ団の飲み会では常に、お金は持っているヤツが払うということがしきたりでした。つまり、一銭もお金を持っていなくても参加することができたのです。我らがギタリスト、喜多建介がピシャリと２５０円を机に叩き付けて、「ごめん、今日はこれしかない」と、そう言った夜は一度や二度ではありません。ですが、彼はまた、給料日の直後に気前よく払い過ぎる傾向もありましたが。行って来い、そういう精神で皆が「お愛想」を支払っていたのです。今から思えば、このルールはお互いに信頼感を持っていなければ成り立ちません。ドクロ団という名前でしたが、普通に良いヤツらの集まりだったのだと改めて実感しています。毎晩、何をするでもなく、講義を受けた帰りに店に立ち寄り、レモンサワーや酎ハイを片手に、終電ギリギリまで、先輩や仲間たちと音楽やその他の話題について語り合った日々。そこで交わされた他愛のない言葉たちは、僕の音楽観や人生観と地続きになっています。

金沢八景駅前の再開発計画にともなって、某Y老乃瀧が閉店してしまうことを最近知りました。既にレモンサワーの飲めない身体になってしまいましたが、最後にもう一度、思い出の店に立ち寄りたいなと、そんなことを考えながら、ちょっとだけ切ない気持ちになりました。

※1ゼロ年代のデフレ経済　バブル崩壊後の処理に苦しんだ90年代の後、日本は物価が総体的に下がり続ける〝デフレ経済〟に突入。不況の大きな要因として懸念される。

ゴッチによる後日談

「レモンサワーは、Y老乃瀧で、ほんとに一生分飲んだんじゃないかな？　もう何年も飲んでないよ。今は、ビール、ウィスキー、ワイン、シャンパンだね。安い酒は飲みつくしたんで、高い酒飲んでますよ（笑）。そう言えば、ビールの代金はほとんどが税金だから、ブルジョワの酒だって当時は避けてたな。あはは」ゴ

レモンヘッズ

『ザ・ベスト・オブ・レモンヘッズ』ワーナーミュージック・ジャパン　AMCY-2777

'90年にメジャー・デビュー。グランジ、オルタナ、パワーポップなどの要素を取り入れたバンド・サウンドとイヴァン・ダンド（vo&g）のアイドル性によってブレイクを果たす。本作は'98年に発表されたベスト盤。「リヴ・フォーエヴァ」（オアシス）のカバーも収録されている。

M

【Michael Jackson】

マイケル・ジャクソン[※1]が亡くなってから、1年以上が経ちました。生前と死後で、これほどまでに人物に対する世間の評価が変わった人は珍しいのではないでしょうか。大概のアーティストは亡くなると同時に、多少なりとも再評価の気運が高まりますが、モンスターか妖怪かという扱いから、一気にポップミュージックの神様というような報じられ方ですから、改めて、マスメディアというのは怖いなと実感しています。

僕は変わらず、やっぱりマイケルはちょっとどころか、かなり変なのではないかと思っているのですが、こんなことを書いたら怒られるでしょうか。むしろ、あれだけの才能なのですから、浮世離れしていて当然なのではないかと思うのです。何年か前にテレビで観たマイケルの買い物風景は、無邪気に店中のアンティークを「これも僕

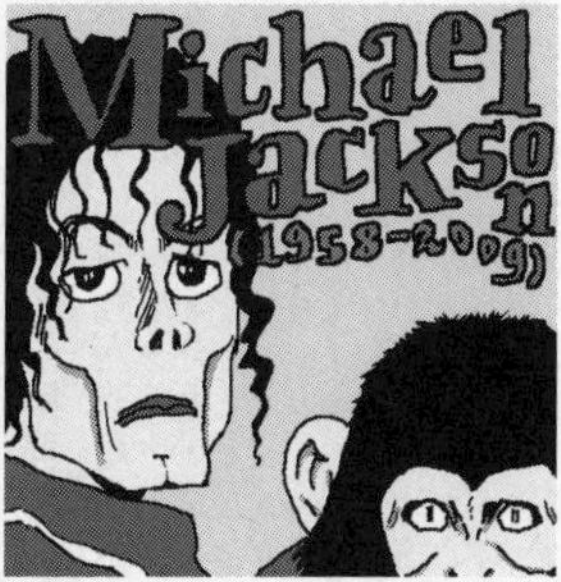

の！」と言って、前々からの所有物であるかのように購入していくもので、なんというか純真な子供を見ているかのようで、ちょっと怖いなと思ったことを憶えています。なんというか、汚れなさ過ぎているのか、時間が子供のまま止まっているのか、悪気がないのに、握っている人間を優しさで握りつぶしてしまう巨大怪獣を観ているような、そんな気分になりました。テレビ側にマイケルが変人であることを過剰に演出しようという意図があったと思いますが、それにしても、そのイノセントの塊のような立ち居振る舞いには、ずっと見入ってしまう何かがありました。

映画[※2]『THIS IS IT』を皆さんは観られたでしょうか。僕は新宿の映画館のカップルシートで、当時喧嘩中だった我らがギタリストの建さんと観ました。直前のリハーサルで殴り合い寸前の喧嘩をした後だったので大変気まずかったのですが、観終わった後に、何事もなかったかのように感想を述べ合うほど、素晴らしい映画だったと思います。特に、我々のような音楽を生業《なりわい》としている人たちには、いろいろと思うところがある映画だと思いました。もう本当に、マイケルのステージに関わるすべての人たちのエネルギーが一点に向けて集約されていく様子が感動的で、またそれを引き受けるマイケルの器の大きさ（これは人間的なものというよりは才能としての器）にも、とても心を動かされました。これだけの想いを受け止めて（普通の人ならば、この段階で精神的にパンクしてしまいます）、それをさらにエネルギーの送り手たちに倍返しするわけですから、ある意味でモンスターか妖怪の類にしかできないことなのだと僕は思います。

最近では、全世界的に、こういった世間から逸脱してしまう才能に対しても、潔癖症的な視点で眺める風潮が強まっているような気がします。そういう寛容さが失われていくことで、音楽だけでなく、様々な芸ごとが面白くなってしまうような危機感を、いつしか僕は抱くようになりました。全体的に小粒化してしまうというか。

改めて、マイケル・ジャクソンは凄いですよ。もちろん、いろいろな意味で。それで良いのだと思います。

※1マイケル・ジャクソン（'58年〜'09年）〝KING OF POP〟と称される、人類史上もっとも成功したエンターテイナー。「ビリー・ジーン」「ビート・イット」「スリラー」など数多くの世界的ヒット曲を生み出した。

※2映画『THIS IS IT』マイケルの死去によって実現することのなかったラスト・ライブ〝THIS IS IT〟の、リハーサルの映像を中心にしたドキュメンタリー作品。'09年10月公開。

ゴッチによる後日談

「マイケルは、やっぱり曲がいい。子供の頃、両親が車の中でマイケルをかけていたから、自然と耳に入ってきた。当時はどこの家庭でもかかっていたんじゃないかなって思うほど、ヒットしていたし。マイケルもそうだけど、スターっていうのは、ちょっと笑えるところがあると思う。すご過ぎて、笑うしかないんだよ。それがいいんだよね」ゴ

マイケル・ジャクソン
『THIS IS IT コレクターズ・エディション』
ソニー・ピクチャーズエンタテイメント　TSAD-69320
『THIS IS IT』の貴重なリハーサル映像、スタッフ、ダンサー、ミュージシャンのインタビューなどで構成。マイケルの圧倒的なライブ・パフォーマンス、常に周囲を気遣いつつ、最高のステージを作り上げようとする姿勢が胸に迫る。ダンサーのオーディション風景など、特典映像もたっぷり。

N

【Nabe】

　鍋の季節ですね。このような書き出しで「N」の回を始めると、ロックを語るという企画であるはずなのに鍋とはどういうことか、と、そう思う読者がたくさんいるとは思いますが、何しろこのところの急激な冷え込みによって僕の鍋食いたいポイントがめでたく満タンになりまして、頭の中のNの段というかNの行からは鍋のひと文字しか出てこなくなってしまいましたので、どうかお付き合い頂ければと思います。

　我々は職業柄、ツアーと称していろいろな地方に出かけます。そこでは大概、地元で採れた新鮮な魚介類や、新鮮ではないかもしれないけれどいい感じに熟成された獣肉、ラーメンなどの麺類、何処でも食えるようなチェーン店のジャンクフードなどを頂きます。食事は過酷なツアースケジュールの潤滑油なのです。複数の人間のエゴを

ぶつけ合うのがバンドという活動スタイルですから、ストレスもツアー中にはそれなりに溜まります。美味しい食事には、それらのストレスを発散させてくれる効果もあるのです。そんなツアー中の食事のなかで、いや、ツアーとは関係がなかったとしても、僕が最も楽しみにしているのが鍋なのです。鍋料理が好きなのです。

陶磁器や鉄製の鍋に具材をぶっ込んで煮る。こんなシンプルな調理方法なのに美味しく、組み合わせも豊富で、かつヘルシーな料理が他にあるでしょうか。あったら是非、御一報頂きたいものです。しかも、この冬場の冷えた体も温め、しかも、お酒が進むのですから、本当に無敵と言っても「やや言い過ぎかもね」くらいの軽い反対意見しか出ないのではないでしょうか。本当に、素晴らしい料理だと思います。鍋。

北海道では石狩鍋、十勝鍋、鴨鍋、北海しゃぶしゃぶ、秋田のきりたんぽ鍋、しょっつる鍋、だまこ鍋、山形の芋煮、茨城のあんこう鍋、中華街の火鍋、両国のちゃんこ鍋、愛知の味噌煮込みうどん、大阪のもつ鍋、うどんすき、京都の湯豆腐、広島の土手鍋、福岡の水炊き、もつ鍋、鹿児島の黒豚しゃぶしゃぶ、実家の料理名がよくわからない鍋、余り物で適当に作った鍋、鬼のような量の具で溢れかえったおでん、など、本当にたくさんの鍋料理を今まで頂きました。で、どれもこれも大概好きです。滅茶苦茶なことをしない限り、まず外れた試しがありません。

これだけの鍋料理を食したわけですから、そこから何かを学んだはずだと、学んでいなければおかしいと、そう言い出さないと原稿の文字数が埋まらないと、僕は思うのでここに書きますが、やはりハーモニーって美しいなということです。適当に煮て、適当にハモっているかのように感じる様々な鍋ですが、用意周到に出汁《だし》の出るものや出汁を吸い込むものから、加熱され煮込むとエグ味以外の何をも放出しない具材は、最後に足されたりするわけなのです。いい感じになるには、それなりの理由があるのです。うん、ハモるって大切。それは音楽だけに限らず、何処に行っても何かとハモりたい、そんなことを思いました。

ゴッチによる後日談

「いちばん好きな鍋は、なんだかんだ言っても、もつ鍋かな。野菜もいっぱい食べられるしね。あと、きりたんぽも好きだな。あれは美味い。鍋をハーモニーにたとえたけど、ハーモニーに興味はあるね。ハーモニーって西洋音楽的なやり方だから、何をもってハーモニーとするか、難しいところもあるけど。ほんとは、皆が勝手な音を出してもひとつの世界になれば美しいよね。インドネシアのガムランって民族音楽でも、それぞれ他の人のことを意識して音を出しているんだよ。ハーモニーって、人の音を聴きながらじゃないと絶対できないから。そういうのって、生活のヒントにもなると思うんだ」ゴ

ナダサーフ

『ラッキー』 キューンレコード KSCP-933

NY出身のパワーポップ系バンドが、'08年に発表したアルバム。アメリカの人気ドラマ『HEROES』で使用された『Weightless』をはじめ、シャープなバンド・サウンドと質の高いメロディが体感できる。'09年にはアジカン主催の『NANO-MUGEN FES.09』で初来日。

O

【Ozumo】

大相撲が好きです。

いきなり何の告白かと驚いている人もいるかと思いますが、僕は大相撲が大好きなのです。観戦が唯一の趣味と言っていいほどに。

子供の頃は正直に言って、「おばあちゃんが夕方に観ている退屈な番組」くらいに思っていたのです。それが今では年に一度は必ず観戦に出掛けるほどのファンになってしまったのですから、面白いものです。

一世を風靡した若貴[※1]ブームの頃は、誰しもが多少なりとも相撲に興味を持っていたように思います。もちろん下世話な興味も含まれていたとは思いますが、およそポジティブな目線で世間は相撲界に注目していました。ですが、現在はご存じの通り、大

小様々なスキャンダルが起き、また、それに合わせた報道も相まって、相撲界は大変な危機に直面しています。だからこそ、ひとりの相撲ファンとして、今回は大相撲の魅力を皆さんに伝えられたらなと思います。マニアックにならずに、カジュアルに書きますので、最後までお付き合いください。

まず、面白いのが、トーナメント戦でもリーグ戦でもないということです。力士たちが、成績と番付に合わせて対戦相手を変えながら、15日間戦うのです。8勝以上すれば勝ち越しとなって、番付と呼ばれるランクが上がります（一人前の関取として給料が貰える十両、幕内で相撲を取る前頭、小結、関脇、大関というその上の番付があって、最高位は横綱）。昇進と降格をかけて、熱い勝負が繰り広げられるというわけです。これが本当に面白い。相撲界の人間は、普段からそれほど広くない世界を皆で共有しています。スポーツの全国大会みたいに、大会期間だけそれぞれの地域から集まってくるわけではなく、普段から巡業などで多くの力士たちが近い距離感で生活している。しかも勝負は一対一。つまり、性格や人情といった人間臭い部分が勝負に影響してくるわけです。

得意な相手や苦手な相手がそれぞれに存在したり、誰しもが予想しなかったような番狂わせが起きたり、勝ち上がり方式のトーナメントよりも、そういった部分が色濃く表れます。なにしろ、15人の相手と戦うわけですから、ガチンコの一発勝負の格闘技よりも複雑な側面があります。ルールはその他のどんなスポーツ及び格闘技よりも単純なのに。

あとは多少乱暴になるのですが、美しく強靭な大男たち（デブとも言う）を観られるという奇蹟なのですね。異形のものたちの闘いなのです。だから観客は神事とは言いつつ、酒に酔い、空間そのものの非日常に酔うのです。こちら世間のルールとは別の世界がそこにはあるのです。それを楽しむのです。

で、その非日常の空気は、やはり生で吸い込むと確実にヤラれます。僕も実際に生で観戦してから、大ファンになりました。もう本当に、ワイドショーだけを観て四の五の言っている人には、是非とも生で観戦して欲しいです。印象が変わりますから。一番安い席は2000円台ですから、東京観光のついでにでも国技館へ。よろしくお願いします。

※1若貴《わかたか》ブーム　'90年（平成2年）から'92年（平成4年）にかけて若乃花、貴乃花の兄弟力士に人気が集まり、若い女性を中心に大きなブームとなった。その後ふたりとも横綱に昇進し、史上初の兄弟横綱となった。

ゴッチによる後日談

「相撲は大好きだね。解雇とかの問題があって、一時期相撲愛が落ちてたんだけど。子供の頃は、おばあちゃんがテレビで観ていて、早く終わんないかなって思ってたけど、若貴兄弟が出てきた辺りから、面白くなっていったね。実際観に行ったら、凄く好きになったんだよね。相撲を観に行くのは、お酒を飲みながら、まげを結った裸の太った男の人がぶつかり合ってるっていう、非日常を求めているわけで。スポーツのようで格闘技のようで、儀式のようで見世物のようで、全部が混ざっているような。みんな、スポーツとして観過ぎなのは気になる。勝ち負けだけじゃないんだよね。僕は、スタイルとか体つきとか、そこまでのドラマとかを観てるから」ゴ

小錦八十吉
『ドスコイ・ダンシング』テイチクエンタテインメント　TECA-12235
小錦が現役時代に発表予定だったものの〝待った〟がかかりお蔵入りになってきた音源が、25年目にして入幕！（'10年リリース）曲調はかなり本格的なファンク・ディスコ・チューンで、小錦のノリのいいボーカルが楽しめる。相撲の決まり手を連呼する歌詞も楽しい。

P

【Punk Rock】

パンクロックに憧れている。

そう書き出すと、「パンクやったらいいじゃん?」と、もの凄く軽いノリで本誌に向かってツッコミを入れている人が2、3人では収まらないことを僕は知っていますが、敢えてそう書き出させてもらいたいと思います。もう一度書きます。私はパンクロックに憧れている。

思えば高校時代、僕にとってパンクロックとは、決して足を踏み入れてはいけない領域の文化でした。当時、僕は丸坊主で、白球を発狂しかけながら追いかけ回す高校球児で、音楽にあまり興味がなかったのです。グレもせず、かといって優秀であるはずもなく、とにかく全力で部活動に励んでいました。そんな中、同級生のイケている不良たちは皆、パンクロックを聴いていました。そこにはある種の排他的な雰囲気もあり、そういうところがまた格好いいと感じさせる部分でもありました。僕はそれを遠目に、憧れと恐怖が入り混じったような心境で眺めていました。それがパンクに対する原風景です。

だから、パンクロックというのは選ばれた不良たちの音楽であって、僕のようなヘタレが簡単に「パンクです」などと言い出したならば、ヤキを入れられるのではないかという恐怖がいまだにあるのです。

本質的な話をするならば、そんなことなど気にもせず、「俺はパンクだ」と言えない輩はパンクスではありません。パンクは、自己申告制なのです。世界中に笑われようと、どんなに酷い言葉を浴びせかけられようと、己がパンクスであるということを貫き通しますと、そう宣言できればパンクスなのだと僕は信じています。あとは、それを鳴らすことにしか意義はありません。

思えば、高校2年生でセックス・ピストルズを初めて聴いた時、僕は「すべての曲が似ていてわからん」と思いました。パンクロックのレジェンドに対して、なんという失礼な感想なのだと思いますが、当時は率直にそう思ったのでした。それよりも、同時期に聴いたビースティ・ボーイズ[※1]の『ライセンスト・トゥ・イル』や、バッド・レリジョン[※2]の『アゲインスト・ザ・グレイン』に衝撃を受けました。ラフィンノーズのほうが格好良いと思いました。感想を言葉にする能力を持ち合わせていなかったけれど、ビンビンと刺激を受けていることは実感していました。でも、同時に自分がパンクスではないことを徹底的に自覚していました。なんだか、取り残されたような気分でもありました。僕は、パンクロックには仲間はずれにされただけで、救ってはもらえなかったのです。

そういう気分は今でも心のどこかに抱えています。だから、パンクのみならずロックの不良性というものにすら抵抗があります。不良にも、かといって人気者にも優等生にもなれないヤツらは、一体どんな音楽を聴いたらいいのか。どこにも属せなかった疎外感が私の音楽の真ん中には据えられています。だからどこでもない場所から鳴らす。その場所に名前はいらないのです。

私はパンクロックに憧れている。不良性は相変わらず持っていません。それでも、自分自身を絶えず刷新して進んでいくのだという気概とＤＩＹの精神、その塊であるパンクロックに憧れている。

※１ビースティ・ボーイズの『ライセンスト・トゥ・イル』 '79年に結成された白人のヒップホップ・グループ。『ライセンスト・トゥ・イル』は'86年にリリースされた１stアルバムで、全世界で900万枚を超えるヒットを記録した。

※2ラフィンノーズ　チャーミー（ボーカル）を中心に'81年から活動を続けるパンクバンド。ハードコアパンクのスタイルにポップな要素を取り込み、熱狂的な支持を得る。

ゴッチによる後日談

「パンクロックの人たちの、被災地への手の差し伸べ方って強いなって思う。ああ、こういうことなのかなって。考えているだけじゃない、思想が行動に直結できる、肉体性があるんだよね。僕はそういうところに憧れるし、そういう人たちと交流することで、パンクスピリッツをもらっているよね」ゴ

バッド・レリジョン
『アゲインスト・ザ・グレイン』Sony Music Japan Internatinal　ESCA-6141
メロコアのオリジネイターと称されるパンクバンドの5thアルバム。凄まじい疾走感をたたえたバンド・サウンドと美しいメロディ、卓越したコーラス・ワークが見事に融合、その後のメロコア系バンドに大きな影響を与えた傑作。アメリカ社会に対する批判を込めた歌詞も強烈。

Q
【Quiz】

いくら何でもクイズは無理があるのではないか。

冒頭でそういうことを書いたならば、一体どうしたのかと、過酷なロングツアーによって精根尽き果て、弱音のひとつでも吐きたくなったのかと、そう勘ぐる方もたくさんいると思いますが、断言します、それは誤解です。僕が「無理がある」と思っているのは、今回のアルファベット「Q」に対してなのです。

大体、数年前に本誌で連載させて頂いた、「あ」から「ん」までを「あいうえお順」にロックについて書いていくという企画にも、「ぬ」というもの凄い鬼門があったわけなのですが、それに勝るとも劣らない破壊力があります、「Q」には。そして、考え倦ねた僕が選んでしまったテーマが「クイズ」ということで、もうどうしてよい

のやら今回はわかりません。でも、うっかりテーマだけメールで送信してしまったので、絞り出すようにして書きます。

それではクイズです。今、何文字目でしょうか。

正解がわかった方は、官製はがきの表面に自分の住所氏名年齢と郵便番号、裏面には大きく自信に満ちあふれた文字で正解の数字を書いて、そのままポストに投函してください。そのはがきは恐らく翌日か翌々日には自分の手元に届きますので、自分で自分を褒めて下さい。「よく数えた」と。

書くのに困って、いきなりクイズを出すという暴挙に出てみたのですが、どうでしたでしょうか。正直、かなりイラっとしますよね。クイズは、こういった人をイライラさせる能力を持っていると私は思うのです。例えば、すぐに教えてくれればいいようなことを、もったいぶってクイズ形式で尋ねてくる輩が、残念ながら世の中には存在します。そして、その逆に、少しでもこちらが「何だと思う?」というような話を振った場合、突然、真剣に答えを見つけ出そうと考え始めて、先に答えをうっかり言おうものならば烈火のごとく怒る人がいます。何でもクイズにしてしまうヤツよりはマシかと思いますが、どちらにしても困ったものです。

どうして、世の中の人はこんなにクイズが好きなのでしょうか。クイズ番組の観過ぎでしょうか。思えば、面白いクイズ番組は、昔からたくさんありました。それを観て育ったがゆえに、ついついクイズ形式を利用して会話してしまうのでしょうか。

学校のテストの3択問題や5択問題もクイズ的な気がしてきました。適当に答えたら当たってしまうようでは、学校のテストとして機能していないのではないかと、なんか今になって腹が立ってきました。センター試験も、場合によってはクイズ的な部分もあるような気すらしてきます。恐ろしい。

やっぱり、クイズは程々にすべきだと思います。ひとりの人間が1週間に出すことが可能なクイズの問題数を決めるべきです。その場合には、3問くらいが妥当なのではないかと思います。法的な拘束力はありませんが、各自、自分を厳しく律してクイズ断ちを実行して下さい。よろしくお願いします。

ゴッチによる後日談

「日本人は、本当にクイズが好きだなと思う。僕は、テレビをあまり観るほうじゃないけど、テレビをつけると大概何かしらのクイズがやっている気がする。テストがクイズのような形式は、良くないと思うんだよね。わかってなくても正解できるかもしれないから。テストは論文形式にするべきだと思う。論文形式にすることによって、読解力も上がるし文章力が上がる。そうしたら、日常のコミュニケーション能力も上がるはずだからね」ゴ

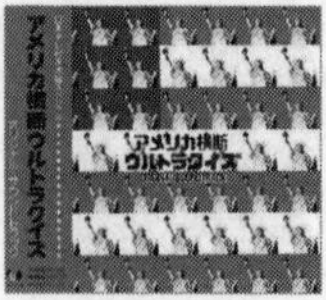

オリジナル・サウンドトラック
『アメリカ横断ウルトラクイズ』

ファンハウス　FHCF-2042

一般から募集された挑戦者たちが、アメリカ大陸を横断しながら、決勝の地・ニューヨークを目指す大型クイズ番組のオリジナル・サウンドトラック。この番組は'77年から'92年の間、16回にわたって放送され、高い人気を獲得した。合言葉は〝知力・体力・時の運〟。

R

【Rent-a-car】

さすがに昨年末の「Q」の回の原稿は本来のテーマから脱線しすぎだったのではないか、普段から後悔はしても反省はしない習慣が身に付いてしまっている僕でも、これではマズいと思いながら、今回の「R」の原稿と向き合っています。ですから、今回は反省の意も込めつつ、思い切ってレンタカーについて書きたいと思います。

先日、沖縄で完全オフの日を1日もらいました。僕はツアー中、移動とライブのルーチンにハマって自分の居場所を見失ってしまわないように、時間がある時は散歩や観光をすることにしています（楽しみのひとつでもありますが）。沖縄でも例外なく、観光に出掛けることにしました。そこで問題だったのは、沖縄には電車が走っていないということでした。つまり、移動は自動車ということになります。運転をしないと

いけないということです。ところが僕は10年近く自動車の運転からは遠ざかっていました。乗らないわけなので、当然のように何度かの更新作業を経て免許はピッカピカのゴールドになってしまいました。ただ、この金色は無事故無違反の証と言うよりはペーパードライバーであることを証明しているのでした。

どう考えても、日頃からガッツリ運転して尚かつ無事故無違反の人とは区別されてしかるべきなのですが、ここが現代社会の落とし穴、僕のようなキャリアのドライバーでも、若葉マークのような印を車に付ける必要がないのです。恐ろしい。もちろん、僕は自力運転による沖縄観光を全力で避けるべく、スタッフやメンバーに観光への同行を打診しました。そして、全員にやんわりと拒否されるという、通勤中に襲われた腹痛で駆け込んだ武蔵小杉駅の男子トイレが長蛇の列だったこと以来の大ピンチに陥ってしまったのでした。

前日の夜には精神的なストレスから、胃腸の調子がおかしくなりました。それでも意を決して、レンタカーショップに行き、もはや軽自動車との区別が見た目ではわからないくらいの、可愛らしい普通自動車を借りました。

まず驚いたのは、ギアをチェンジするレバーがハンドルの左に付いているということでした。僕のイメージでは、レバーは運転席と助手席の間に存在しているはずでした。これを発見するまで10分くらいかかりました。そして、最後までラジオのチャンネルの変え方がわかりませんでした。かろうじてボリュームの上げ下げはわかりましたが、ドライブ中はずっと地元のラジオ局の番組を聴いていました。当日はクリスマスイブだったので、大量にリクエストされるクリスマスソングにひとり旅の孤独感を煽られました。

また、万座ビーチの駐車場ではお約束通り、何かの拍子でワイパーが突然動き出し、止まらなくなってしまいました。スイッチを焦ってカチカチいじっていると、今度は後方のワイパーまで動き出してしまいました。人気のない場所だったので良かったのですが、時代が時代なら切腹を決意していたと思います。

ゴッチによる後日談

「普段、車はほとんど運転しないから、僕の免許証はゴールドですよ。だから、たまにレンタカーを借りて運転するとなったら、もう怖くてね。運転すると景色が楽しめないからね。車窓から見る景色や車中での居眠りが好きだからね、運転は向いてないんだよ（笑）」ゴ

レンタルズ　トリビュート　キューンレコード　KSCP-936

『LOST OUT IN THE MACHINERY
〜THE SONGS OF THE RENTALS〜』

元ウィーザーのマット・シャープ（b）を中心としたギターロック・バンド、レンタルズのトリビュート・アルバム。アジカン、アッシュ、ヤー・ヤー・ヤーズなどが参加、レンタルズへの愛に溢れたカバーを披露している。アジカンとは別に、後藤正文でも参加している。

S

【S】

職業柄というよりは、完全にポップミュージック鑑賞が趣味であるという理由で、年間100枚近くのCD（レコード含む）を購入します。正確には、してしまいます。数年前には、一旦、もうCDが棚に入り切らないという状況になってしまい、慌ててソフトケースに詰め直すという作業を何日もかけて行いました。2000枚近くのCDを詰め替えている様は、趣味というよりは内職のそれに近い雰囲気で、もちろん無給ですから、大変に疲れました。

CDを棚に収納する際に、僕はアルファベット順を採用しています。ただ、大雑把な性格なので、例えば「Char」[※1]と「Charlotte Gainsbourg」[※2]のどちらを先に並べようかなどと悩んだりはしません。「チャゲ&飛鳥」[※3]も「Cecil Taylor」[※4]も等しくCの棚

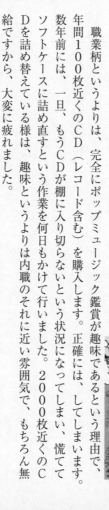

に入れます。時間がもったいないので、アーティスト別に並べたりもしません。ただ、事務的にCの所に収納するだけなのです。そうやって並べていると、いろいろ気付くことが多いのですが、今回、僕が言いたいのは「S」から始まるバンドやアーティストが多過ぎるということです。

もうこれは、ロックやポップスといった音楽が好きな人は皆、感じていることだと思います。本当に、明らかに多いです。「N」や「M」もそこそこ多いほうですが、「S」と比べたら、1Kのアパートみたいな広さです。「S」は4LDK。「I」や「H」なんて、四畳半一間、フロなしトイレなしというスペースです。悲しくなってきます。別に、各アルファベットの棚にまとめられたバンドたちはチームでも仲間でも何でもないのですが、なんとなく、そういう目で見始めてしまい、「I」には頑張って欲しいというような、変な感情が芽生えてしまいます。そのくらい「S」から始まるバンドやアーティストが多いのです。

どうしてなのでしょう。例えば、「S」から始まるバンド名は思いつきやすいのかもしれない、そんなことを考えて、僕も新しいバンド名を考えてみようかと思いましたが、咄嗟に出て来た言葉は「サバ」でした。特段、思いつきやすいということはないと思います。そして、日本では佐藤や鈴木という苗字が多いから、必然的に鈴木から始まるアーティストの重複によって「S」の欄が膨らんでいるのではないかと、そう指摘しようとしている人も居るかと思いますが、それもここでキッパリと否定しておきます。そんなことはありません。

もしかしたら、頭に「S」の文字がつくバンドやアーティストは、成功する可能性が高いということなのでしょうか。そんな妄想も膨らんでしまいます。不思議ですね、ネーミングの妙と言いますか、神秘。ここまで書いておいて、それはお前の家の棚だけの話だというオチだったらば、非常に恥ずかしいのですが、僕以外の人間が同じことを言っていたのを耳にしたことがあります。「S」が多い、と。

皆さんのCDラックはどうでしょうか。恐らく「S」が多いと思いますので、各自、チェックしてみて下さい。

※1 Char（'55年〜）　70年代から日本のロックシーンを牽引し続けるスーパーギタリスト／シンガー。代表曲に「気絶するほど悩ましい」（'77年）などがある。息子はRIZEのJESSE。

※2 Charlotte Gainsbourg（'71年〜）　父親にセルジュ・ゲンズブール、母親にジェーン・バーキンを持つフランスの女優／歌手。'09年にはベックのプロデュースによるアルバム『IRM』をリリースした。

※3チャゲ&飛鳥　CHAGEと飛鳥涼によるシンガーソングライター・ユニット。'79年、シングル「ひとり咲き」でデビュー。'80年に発表した「万里の河」のヒットによりブレイク。'09年、無期限活動休止を発表。

※4 Cecil Taylor（'29年〜）ジャズ・ピアニスト。50年代から活動をスタート、オーネット・コールマン、ポール・ブレイらと並ぶ、60年代のフリー・ジャズにおける中心的ミュージシャンのひとり。

ゴッチによる後日談

「僕のCDラックは、ほんとにSが多いよ。最近再結成が決定したストーン・ローゼズ、ストロークス、セックス・ピストルズ、サニーデイ・サービス、ストレイテナー、他にもたくさん〝S〟から始まるアーティストがいるね」ゴ

S.L.A.C.K.
『Whalabout?』DOGEAR RECORDS　DERCD-013
'87年生まれの気鋭のヒップホップ・アーティストによる2ndアルバム（'09年）。ルーズにしてファンキーなトラック、ありふれた日常をリアルに描くリリック、心地よいグルーヴをたたえたラップが絶妙のバランスで一体化した、日本のヒップホップの新たなる傑作。

T

【Twitter】

ツイッターを始めて1年が経ちました。

始めたきっかけは憶えていないのですが、実は始める前から覗いてはいたのです。そして、1年くらい前にふと思い立って、事務所やレコード会社には知らせずにアカウントを取得。最初の頃はフォロワーも全くいなくて、秘密裏に発見してくれた少数のファンたちに見守られながら、しょうもないことを呟いていたのですが、今ではとんでもない数の人にフォローされて、さすがに当初よりも下らない呟きに対しても緊張感が漂います。分母の大きさが助けてくれることもあるけれど、同時にプレッシャーでもあります。

ソーシャルネットワークというものが登場して何年も経つのだろうけれど、例えば、ミクシィについては、友人の紹介でなければ加入できないといった条件に選民意識のようなフィーリングを感じて、あまり参加できずにいました。海外のバンドたちと交流するにあたってマイスペースを使う必要性を感じた時期もあったけれど、音源やビデオのアップロードなど、日本のメジャーレーベルでの活動とはそぐわない点が多くて上手く使うことができませんでした。フェイスブックは完全に「海外のモノ」という雰囲気で、敷居が高いように感じました。そんな中、ツイッターは手軽で面白そうだなと思ったのです。

利用者がある一定の数に達すると、こういうものは爆発的に利用する人が増えるという話を聞いたことがあります。その瞬間に居合わせたのか、僕がツイッターを使い始めた頃は、ミュージシャンたちがこぞってアカウントを登録していた時期でした。新しい出会いがたくさんあり、とても刺激的でした。また、USTREAMという自力で動画配信を行えるサイトやアプリケーションにも出会い、とても興奮したことを憶えています。最初の頃は、ほとんど中毒みたいにiPhoneをいじっていて、特にニューヨークでレコーディングしている時には、強烈に依存していたように記憶しています。

何か、インターネットには、あまり良いイメージを持っていませんでした。匿名性や仮想現実であるという意識が膨れ上がって、どちらかというと負の部分を強めに感じていました。その意識はツイッターによって少し変わりました。使い方次第ではあるけれど、知り得ることができなかっただろう情報や、実社会だけでは考えられない新しい出会いが存在しています。長らく抱えていたいくつかの偏見が覆る瞬間が何度もありました。これは凄いことだと思います。

こういったネット上の機能を使って、様々な人とコミュニケーションをはかり、互いに情報を交換し合うことができるようになりました。本当に凄い時代になったと思います。政府などの検閲がなければ、鮮やかに国境や地理的な壁を乗り越えてしまうところも、魅力のひとつです。そんな当たり前のことを今さら実感することができました。

で、だ。いつまでたっても公式アカウントとして、つまり本物だと認めてもらえないのはどうしてなのでしょうか。世間的なゴッチ像と乖離したツイートが多いのでしょうか。確かに、「なりすましですか」と疑ぐられたことは一度ではないのですが。

ゴッチによる後日談

「Twitterの使い方をいまいち、わかっていない人がいて怖いと思うことがある。全てのツイートが自分に向けてつぶやいていると勘違いしている人がいたり、Twitterで会話したからといって友達気分になったり、会話してないのに会話した気分になって、街中でグッと接近してくる人がいたりしてね。境目のない人がいるんだなっていう驚きがあるね。みんな距離感をちゃんと図ろうよっていうのはある。全然接点のない人同士が、繋がることができる

ゴ　のがTwitterのひとつの魅力でもあるけど、それを実世界と混同するのは違うよって思う」

トーキング・ヘッズ

『リメイン・イン・ライト』ワーナーミュージック・ジャパン　WPCR-75154

ポストパンク、ニューウェイブを代表するロックバンド、トーキング・ヘッズの4thアルバム（'80年）。黒人ミュージシャンを起用、ファンク、アフリカン・ビートなどを取り入れたリズムと前衛的なサウンドを見事に体現した傑作。プロデュースはブライアン・イーノ。

U

【Unidentified Mysterious Animal】

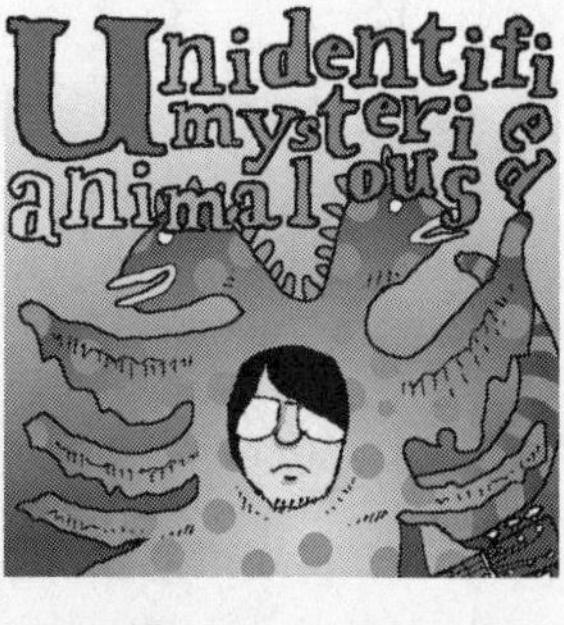

「ＵＭＡ」を知っていますか。

そう尋ねたならば、ほとんどの方が「知ってるに決まってるだろ、この土手南瓜。馬鹿にするなよ、クソ眼鏡」と、『ぴあ』の誌面に罵詈雑言の類を浴びせかけ、ページ丸ごと揚げたての天ぷらの油取りにつかってやろうかなどと考えることでしょうけれど、敢えて言わせて下さい、「ＵＭＡ」は馬のことではありません。「Unidentified Mysterious Animal」の略で、謎の未確認動物を指す造語です。例えば、ツチノコ、ビッグフット（雪男）、ネス湖のネッシー（イタズラであったことが公表されていますが、これはあくまで例として）を代表とする首長竜だとか、目撃例があるものの存在が確認されていない生物のことを「ＵＭＡ」と呼ぶわけです。

実際、有名な「UMA」の類は存在するのでしょうか。つい最近、アマゾンの奥地で未知の原住民族が発見されたりしているくらいなので、全く可能性がないわけではないと思うのですが、いくらなんでもツチノコやビッグフットのような、メジャーな「UMA」は存在しないのではないかと、僕は思っています。特にネッシーのような巨大な首長竜は、もし本当に存在するのであるならば遠くの昔に捕獲されているように思います。あんなに巨大な肺呼吸生物が人類に見つからずにひっそりと生きていけるわけがないですから。ただ何か、我々の目にはつかない深海でひっそりと、そして時々凶暴に、そんなふうに生き抜いているイカやタコなどの仲間はたくさんいると思います。あと、昆虫も。実際、私は新種の昆虫を立川市曙町の風呂無しトイレ共同のボロアパートで発見したことがあります。蛍光エメラルド色に輝く、気色の悪い長細い芋虫でした。あまりの気持ち悪さにティッシュ片手に叩き潰してしまい、残念ながら大発見としてゴトウ虫などとして図鑑に載ることはありませんでしたが、あのような何の擬態も施す気のない無防備な色（なにしろ木造家屋にエメラルドですから）の虫が、突然変異による新種でないはずがない。今でも、そう思っています。人間様は何でも知っているのだと、そういう高慢な考えで何事にも接してはいけませんね。動物ひとつとっても、まだまだ未確認の種類がワラワラ出て来るわけなのです。

音楽も、実はこういう「UMA」と同じで、あまりよくわからないことのほうが多いのではないかと僕は考えています。西洋音楽のように、科学と近似値にあるような音楽のあり方、そういうものに美しさを感じることが多いですが、もう少しわけのわからない、抽象的な、深海を覗くような、そんな音像に心惹かれます。ライブなどでも、なにか説明の付かない「宇宙」みたいな言葉を与えたい瞬間が訪れることがありますが、譜面には起こすことのできない、弦を擦り上げたノイズやピッキングハーモニクスを重ねた混沌の中に現れることが多いので、実は丹精に積み上げるよりも、どこか破壊的な作業の過程の中に、そういう未知の音楽的な体験が転がっているような気がして、最近は楽器を弾くのが楽しいです。

ゴッチによる後日談

「「UMA」って、いないでしょ。いないものに対して研究者がそれについての本を出したり、テレビで特番が組まれていたり、それだけの情熱が注がれていることが、愛おしいね。それを寛容している社会が、素晴らしいと思う。本当に小さな新種の虫とかは、まだいると思うんだけど、巨大生物はある程度頭数がいないと成り立たないからね」ゴ

よしだたくろう

『元気です。』GT music　MHCL-761

大ヒットシングル「旅の宿」をはじめ、ロックバンド〝ザ・モップス〟に提供した「たどりついたらいつも雨降り」、フォークシンガー加川良が作詞した「加川良の手紙」などを収録した、70年代のフォーク・ブームを象徴する傑作。オリコン・アルバムチャートで14週連続1位を獲得。

V

【V-sign】

「ハイ！　チーズ！」

この誌面を読んでいるほとんどの方が「ピース！」と、パブロフの犬的な条件反射でもって右手あるいは左手の人差し指と中指でVサインを作ったことでしょう。中には、両手でやってしまったばかりに、買ったばかりの『ぴあ』を食べかけのペヤングソースやきそばの中に落としてしまったなどという人もいるのではないかと想像しています。

それにしても、なぜ、多くの人が記念撮影などの際にVサインをするのでしょうか。特に世界平和を希求し、文字通りのピースの意味でレンズの向こうにサインを送っているなどという人は、かなり少ないでしょう。選挙事務所などの場所で、当選した議員やスタッフが行う場合にはビクトリーの意味なのだろうと腑に落ちますが、南国のビーチで水着姿のカップルがなんとなくしているVサインの、そのポーズをせずにはいられなかった原因はなんなのだろうと、とても不思議に思います。旅行先での団体記念撮影で、僕以外のほとんどの人がVサインをしていると、何か陰謀めいたものすら感じてしまいます。このサインをしなければ、バスの中で配られるお弁当のおかずの何かが減らされる、トイレに行きたくなってもサービスエリアに気付かないふりをして寄ってもらえないというような類の仕打ちが待っているのではないかと、そういう疑いの念が拭えずにいます。また、我々がよく考えもせずにVサインをする度に、可愛い子犬が一頭保健所送りにされたりするような、信じられないような事態が巻き起こっているような妄想に取り憑かれてしまい、僕はもうかれこれ何年も惰性のVサインだけはするまいと思って、生活しています。

それから、僕の好きなロックという大衆音楽の畑では、イギリスのロックバンド「オアシス」のギャラガー兄弟がよくするポーズとしても有名なのです、Vサイン。ステージに登場するなり、カメラに向かって逆向きのVサイン（手の甲を相手に向けた）をするノエル・ギャラガーをビデオで観、「格好良いなぁ」と思ったこともありました。「真似しようかな」と、そんなことを考えたこともありました。ですが、本当に真似しなくて良かったと思います。というのも、この逆向きのVサインは中指を立てる例のFから始まるサインと似たような意味があるのだそうです。つまり、ギャラガー兄弟は無法者として逆向きのVサインをカメラに向かって突き立てていたわけなのです。

個人的に告白すると、僕は綺麗なVサインができません。中指と薬指がかなり強い結びつきで連動しているので、折り曲げた薬指に中指が付き従ってしまうのです。人差し指はピンと伸ばすことができますが、中指がとても微妙な角度になってしまうのです。こんな恥ずかしいVサインを人前にさらし、しかも記録されるなんて考えただけで赤面してしまいます。

読者の皆さんも、惰性でVサインしていませんか。そう問いかけて、今回の原稿を終わりにしたいと思います。

ゴッチによる後日談

「僕は、昔からVサインができないんだよね。原稿中にも書いたけど、逆向きのVサインの使用は、本当に気をつけてほしいね。プリクラとかで、やらないように！」ゴ

ヴァンパイア・ウィークエンド
『ヴァンパイア・ウィークエンド』XL Recordings/Hostess　BGJ-19243
全世界で100万枚以上を売り上げるなど、USインディー・シーンを越え、ワールド・ワイドな成功を導いた1stアルバム。デビュー・シングル「Mansard Roof」をはじめ、洗練されたバンド・サウンドと遊び心たっぷりのアレンジメントが共存したダンサブルなナンバーが楽しめる。

W

【weezer】

あまりに大[※1]きすぎる出来事でした。大地震以来初めて、この連載の原稿を書いています。多くの方が亡くなられ、避難所生活を強いられている今、ここに綴るべき言葉がうまく見当たりませんが、僕が今、率直に書きたいと思うことをここに記したいと思います。

高校3年生の大学受験に失敗し、浪人することを選んだ私は、半ば強引に上京を決めて、住み込みの新聞配達をすることにしました。卒業式が終わってからすぐに配属先が決まったので、友人と連絡先の交換もままならないまま、心細さだけを抱えて私は東京にやってきました。どん底のような毎日でした。ろくに勉強もせず、ふざけたことばかりをしていました。荒みきっていました。暗闇の真ん中にいるようでした。

そんな僕の心を支えてくれたのが音楽でした。友人が貸してくれた数枚のレコードが決定打となって、私は洋楽に夢中になり、なけなしの給料でギターを買いました。毎日、ギターを何時間も弾きました。高校卒業以来ぽっかりと空いた大きな穴を埋めてくれるものでした。オアシス、ベック[※2]、ティーンエイジ・ファンクラブ[※3]、この数枚のレコードがなければ、僕は今こうして音楽活動をしていなかったと思います。その友人は福島県の出身です。

このような未曾有の震災を前にして、ミュージシャンも皆と同じように無力感を感じています。街中を歩いていても思いますが、世の中には音楽を必要としていない人もいます。だから、音楽が世界を救うなんていうのは、ある種の欺瞞ではないかという自問が僕には常にあります。そういった日常ですらそうなのですから、災害のまっただ中で悲しむ人にかける言葉が見つからないように、こんな時に音楽を鳴らして何かを伝えようなどということは、とても難しいのだと思っています。

ただ、僕は、用意しておくことはできると思いました。いつか、その人が音楽を必要とする瞬間のために。傍らにそっと置いて、気付いたら隣に寄り添っているようなあり方で良いのではないかと思いました。「頑張ろう」と近寄って声をかけるでもなく、手をとって連帯を呼びかけるのでもなく、ただそっと、ここで鳴らせば良いのだと思いました。どこへも行かずに、自分の日常の中で無力感と一緒にオロオロしながら、それを音楽として鳴らすしかないと思いました。

復興には長い年月が必要だと思います。10年、20年、それ以上の長い道のりで、被災地だけでなく日本社会そのものが変わっていく、あるいは変わるべき時代に突入したのだと思います。そんな中で音楽は、やっぱり音楽なのだと思います。ある時はとても有用な響き方をするし、ある場合ではただの雑音かもしれない。それでも僕は、誰かの夢の中で、宝物みたいに音楽が光り輝く瞬間を信じています。

最後に、僕の敬愛するウィーザーの「オンリー・イン・ドリームス」という曲を紹介して、「W」回を終わりにしたいと思います。

※1大きすぎる出来事　2011年3月11日に発生した東日本大震災。東北地方を中心に大津波が発生、太平洋沿岸に甚大な被害をもたらした。この影響により、福島第一原子力発電所は深刻な事故を起こした。

※2ベック（'70年〜）　'94年、アルバム『メロウ・ゴールド』を発表。シングル「ルーザー」のヒットにより世界的ブレイクを果たす。ブルース、フォーク、ジャズ、ファンク、エレクトロなどを自由に行き来する、真のオルタナ・ミュージシャン。

※3ティーンエイジ・ファンクラブ　'89年、グラスゴーで結成されたギターロックバンド。'91年発表の2ndアルバム『バンドワゴネスク』のヒットにより、知名度を上げる。'10年に5年ぶりのアルバム『シャドウズ』をリリース。

ゴッチによる後日談

「ウィーザーに、'11年の『NANO-MUGEN FES.』に出演してもらったのは、嬉しかったな。その時のライブは、マット・シャープ（元ウィーザーのメンバー）と一緒に見ていて、なんか不思議な感じだった。マットからしたら、バンドを離れて10年以上も経っているから、もう別のものっていう感覚になっているかもしれないけど。オリジナル・メンバーでの演奏は見ることはなかったけど、こういうことなんだって思ったな。戻らないからこそ、美しいんだなって思った」ゴ

ウィーザー

『ウィーザー』ユニバーサル インターナショナル　UICY-25049
90年代のパワーポップ・ブームの中心的存在だったウィーザーのデビュー・アルバム（'94年）。このアルバムのラストに収録されている「オンリー・イン・ドリームス」は後藤のお気に入りの1曲で、'10年に後藤が中心になり立ち上げたレーベル／ウェブサイトも「only in dreams」。

X

【X JAPAN】

ついに「X」の回まで来てしまいました。

さて、「X」と言えばX JAPANのサマーソニック初出演が決定しました。今回の大地震で来日アーティストのキャンセルが続いているなか、洋楽フェスにとっては明るいニュースです。この夏のロックフェスが無事に行われることは、ミュージシャンにとっても音楽ファンにとっても、復興に向けて大きな目標であり心の支えになりますから（私も夏のフェスティバルをひとつの目標にして気持ちを保っているところがあります）、こうやって日本の大物アーティストが参加してくれるのは嬉しい限りです。フジロック※2もサマーソニック※1も、ロック・イン・ジャパン※3も、その他のたくさんのフェスも、大成功させて欲しいと願っています。

X JAPAN。僕が高校生だった頃までは、X（エックス）という名前で活躍していました。影響を公言しているアーティストたちもたくさんいます。都市伝説のような逸話やゴシップなども含めて、正しく世のロックスター像を引き受けているバンドで、最近になって偉大さを理解しています。大学生の頃までは、過激すぎてよくわかっていなかったですから。というのも、僕はいわゆるロックスターに感情移入できなかったのです。それはBOØWY[※4]などでも同じで、あまりに住む世界が違うような、そういうバイアスを勝手に持ってしまい、積極的には聴いていませんでした。いわゆる「イイ男」たちのやるロックだと、置いてけぼりにされるような気がしてしまうのです。パンクロックにも似たような感情を持っていました。こちらにも質が違っても同じような「不良性」が存在していて、不良に憧れてはいるが決してなる勇気はない僕のような高校生がのめり込むには敷居が高い音楽だと、当時は思っていました。

そういう「不良性」への反発という意味では、アメリカのインディ・ロックバンドのアティチュードは今でもしっくり来ます。ニルヴァーナにはXと同じような雰囲気を感じて近寄れなかったですけれど、例えばベックには強烈に惹かれました。ウィーザーが大好きな理由も、僕の場合はこのあたりに源泉があるのだと思います。今でこそロックスターの権化のようになってしまったオアシスも、シーンに出て来た当時はイギリスの労働者階級の象徴というようなイメージを背負っていて、通じるところがありました。「みんなのオアシス」になっていく過程で「ロックスター」という衣をどんどん纏《まと》っていきましたけれど。

ここまで書いてハタと気付いたのですが、僕がイマイチ熱狂できなかったバンドや音楽は、出会った時にはこの「衣」を世の中から意識的にも無意識的にも羽織らされていて、それに近づけなかったのだと思います。そして、それを着せていたのは他ならぬ僕です。僕の偏見や先入観です。

「ロックスター」というのは、そういった偏見や先入観を引き受けるということなのでしょうね。自身の偶像性についても。いやはや、偉大な存在です。

※1サマーソニック　'00年にスタートしたロックフェス。現在は千葉と大阪の2箇所で開催され、出演アーティストを入れ替えるスタイルで行われている。'11年はX JAPANのほか、レッド・ホット・チリ・ペッパーズ、ザ・ストロークスなどが出演。

※2フジロック　日本にフェスを定着させた代表的ロックフェス。'97年にスタート、現在は新潟県・湯沢町苗場スキー場で開催されている。'11年はコールドプレイ、アークティック・モンキーズなどが出演。

※3ロック・イン・ジャパン（ROCK IN JAPAN FESTIVAL）　出版社ロッキング・オンの主催による日本人アーティストだけのフェス。'00年から、茨城県の国営ひたち海浜公園で開催されている。'11年の出演者はアジカンのほか、BRAHMAN、エレファントカシマシなど。

※4 BOØWY　氷室京介（vo）、布袋寅泰（g）、松井恒松（b）、高橋まこと（ds）によるロックバンド。「B・BLUE」「ONLY YOU」などのヒット曲を生み出し、80年代後半に熱狂的な人気を獲得するも、'87年に解散を宣言。翌年4月、東京ドームで最後のライブ『LAST GIGS』を行う。

ゴッチによる後日談

「X JAPAN、完璧でしょ。逸話がいっぱい出てくるのがすごい。面白カッコイイのがいちばんいいよ。最近のボブ・ディランとかもそうだけど、笑えるところがいいね。そういう意味では、X JAPANは突き抜けている。すべてにおいてドラマチックだし、選ばれしバンドだよね。日本ではこんなバンドは、もう出てこないんじゃないかな」

X JAPAN
『BLUE BLOOD』 CBS／SONY RECORDS　32DH-5224
YOSHIKI（ds）、hide（g／'98年死去）を中心にカリスマ的な人気を得ていたX JAPANのメジャー・デビュー・アルバム（'89年）。「X」「ENDLESS RAIN」などが収録され、オリコンチャート6位を獲得。80万枚以上のセールスを記録した。

Y
【Yokohama】

今回は「Y」です。出版社はどこもゴールデンウィークに向けて動いているので、この時期は原稿の締め切りが少し早くなります。僕はそれをすっかり忘れて、慌てふためいてこの原稿に取りかかり、先ほどまでは申し訳ない気持ちで一杯だったのですが、よくよく考えたらこれは僕以外の誰かがゴールデンウィークを満喫するためのものではないのかという疑念がわき上がり、もやもやとした気持ちで原稿と向かい合っています。

我々が活動している横浜はとても変わった街だと思います。とにかく広いので、場所によって文化が顔を向けている方向が違うというのが、僕が15年この街に住んでみての感想なのですが、これがとにかく他の街にはないほどに分断されているように思うのです。例えば、横浜市南部は上大岡経由で横浜に流れが向いています。ところが東横線に乗ると、菊名を過ぎたあたりから人々はどちらかというと東京に意識を向け

ています。もうこれは顕著です。自由が丘、中目黒、代官山、渋谷というお洒落タウンのことで頭が一杯になります。田園都市線沿いの地域もまた武蔵溝ノ口に浮気しながらも、心は二子玉川より先の東京に向いています。この辺りの人が横浜にライブを観に来ることはあまりないと思います。東京に出るよりかえって不便ですから。

京浜急行も横浜を過ぎると様子が少し変わります。このあたりはギャンブルがフルコースで楽しめるゾーンになるので、横浜、川崎に向かう人たちが多数ではありますが、気持ちを一心不乱にギャンブルと酒に向けている人たちが現れます。そして、横浜線のゾーンは新横浜を過ぎるか過ぎないかのあたりから、町田に向かっていると感じます。また、中華街のあたりは中華料理に向かって意識が集まっています、たぶん。

「Y」ということで思い出したのですが、我々が愛した養老乃瀧金沢八景店が2010年の年末で閉店してしまいました。チェーン店の方針は一切無視して独自のメニューで経営されている、かなりハードコアな居酒屋でした。2杯で昇天確実な濃い酎ハイを格安で飲むことができたので、金のない貧乏学生だった我々は大変にお世話になりました。居酒屋なのにマスターと呼ばれている店主。自転車で散歩に出掛けてしまい、帰って来るまでお愛想を払えない時間帯があることが謎でした。バイトのお婆さんがいつも鍵をかけずにトイレに入り、我々が間違ってトイレのドアを開けるか開けないかのタイミングで毎回発せられるマスターの「ごめんね〜」も絶妙すぎて笑いました。我々が通っている頃はかなり個性的な面々で運営されていたので、いつ行っても飽きませんでした。閉店は残念でなりませんが、閉店の何日か前に大学時代の仲間たちと集まって、最後の宴会を行うことができたのが嬉しかったです。街は容赦なく形を変えていきます。あたりまえのことだけど、青春時代の思い出の場所がなくなるということが、こんなにもセンチメンタルだとは思ってもいませんでした。

ゴッチによる後日談

「横浜って言っても、我々の活動拠点は南部だけどね。のどかだし、都会まで近くていいよ。もうかれこれ15年以上住んでいるから、第二の故郷と言えるね。最初から横浜が好きだったわけじゃなくて、学生の頃ずっと使っていた地元のスタジオや音楽仲間が好きだから、横浜が好きっていうのはあるかな」ゴ

サイプレス上野とロベルト吉野
『ドリーム』LOCKSTOCK　ZPCD-005
横浜出身のMCサイプレス上野とDJロベルト吉野によるヒップホップ・ユニットの。待望の全国流通1stアルバム（'07年）。コアなユーザーを納得させる奥深い音楽性と誰もが気軽に楽しめるエンタテインメント性を共存させ、幅広い層のリスナーから支持された。

【Z】 Z

いよいよ最終回を迎えました。本来は「Z」にまつわることを書くべきなのですが、今日は「Z」にこだわらずに（そんなにこだわっていたのかという質問は無視します）、最終回らしいことを綴りたいと思います。

本当にいろいろなことがありました。特に震災以来の数回は、何を書いていいのかわからないというよりも、正直に言って言葉自体がすらすらと出てこない状況になってしまいました。今もそうです。目の前で起きている事柄が圧倒的過ぎて、原稿に向ける気持ちの余裕を根こそぎ流されてしまったかのような、そんな感覚でした。そして、そんななか、『ぴあ』[※1]の休刊が発表されました。

「ゴッチ語録」の連載もそうですが、編集部の皆さんには我々が駆け出しの新人の頃

おせわになりました。おもに学生時代

から取り上げて頂きました。そういう部分で、他の雑誌とは違った思い入れを持っていたので、とても残念です。いろいろな事情があるのでしょうけれど、寂しい気持ちでいっぱいです。

永遠に続くものがないことを知っているのに、何かを失うことに悲しみや寂しさを覚えるのはなぜなのでしょう。生まれた時から、死ぬことだけは否応なく決まっています。それでも死や喪失を目の当たりにした時に、それを受け入れることはとても難しいですし、いくらかの痛みも伴います。覚悟はしているつもりでも、いつか自分の命も失われるのだということを、少なからず怖いと思う自分がいます。手に入れても手に入れても、いつかなくなってしまうこと、留めてはおけないこと、それでも我々はなにかを四六時中集めています。モノだけではなく、人との出会いも。

「おいおい、『ぴあ』の休刊に寄せるには、ちょっとシリアス過ぎないか」と思う人もいるかもしれません。僕も書きながら、どうしてこんなに深刻な文面になってしまったのか、よくわかりません。もう、脳内がエラいことになっているのは確かです、3月11日以来。そして、どこかでこのようなシリアスな文章を吐き出したかったのだと思います。『ぴあ』休刊のセンチメンタルがその気持ちを加速させているのかもしれません。

僕は恥ずかし気もなく、「生きていること」は希望そのものだと思っています。いくらかの残酷さとは常に背中合わせかもしれません。ほとんど「悲しみ」と呼ばれているような感情の中にそれは在るのかもしれません。それでも、「生きていること」は希望です。僕は自分の「生」にすがりついて、泣きわめいて、許しを求めて、そうやって生きて、生き抜いて、いずれ失われることが前提であっても、何かを積み上げたいと思います。そのうまく言葉で言い表せない何かの中に、何片かの美しくもはかない宝物のような瞬間があることを信じて。いや、もう既に、そんな瞬間があること、あったことを僕は知っています。

凄い時代になったと思います。これからは「Z」の先を歩んでいくのです。強い決意を持って。そういう時代に生まれたことを、いつか誇りに思える日を願って。

※1 『ぴあ』の休刊　'72年に創刊され、情報誌の先がけとして日本のエンタテインメントを活性化してきた雑誌『ぴあ』だが、'11年7月21日発売号を最後に休刊。

ゴッチによる後日談

「最後の回、近年稀に見る巧《うま》い文章を書きあげたなと思う。震災直後で『ぴあ』の休刊も発表されっていうタイミングだったね。終わり、死ぬってことを意識して生きていく、それは生きていることを強烈に意識するってことだと思うんだ。両方、切り離しがきかない関係で。

そういうものなんじゃないかな。表現って、生きていることをもっともっと強く実感するためにやっているところもあるから。こんな時代になっちゃったけど、今こそ何かをやれると思うし、やったことが目に見えて形になる時代だから、やるしかないなと思います。『Z』の先……それは、また『A』かもしれないけど、とにかくやるしかない」ゴ

アッシュ
『A−Z Vol.1』R&C　YRCG90034
'96年、ブリットポップ・ブームの真っ只中にメジャー・デビューを果たしたギターロック・バンド。本作は「7インチCDと配信で1年をかけて全26曲を発表する」という企画から生まれたアルバムで、前半の13曲を中心に構成（'10年4月リリース）。6月には後半13曲を収めた『Vol.2』もリリース。

■ゲスト対談

音楽とことば

宇多丸＆Mummy-D ―RHYMESTER―×後藤正文

後藤　僕はヒップホップが好きなんですね。歌詞を書いている身からすると、単純に字数が多いというのがうらやましくて。

宇多丸　でも、ロックの歌詞も、昔よりは言葉数が増えてきてますよね？

後藤　それはそうなんですけど、最近のロックの歌詞って、内省的になり過ぎている気がするんです。日本のロックンロールにストリート性がなくなってきたというか。その点、日本のヒップホップは、例えば、S.L.A.C.K.[※1]を聴くと今の若者の空気が感じられると思うんですよ。

宇多丸　S.L.A.C.K.⁉　風の噂でゴッチさんがヒップホップをよく聴いてらっしゃるとは耳にしてたんですが……S.L.A.C.K.とかまで聴いているんだ⁉

後藤　Romancrew[※2]のファーストも大好きです。僕、どっちかって言うと、カニエ・ウエストの『Late Registration』のような古いレコードがサンプリングされてるヤツのほうが好きみたいで。

Mummy-D　今のヒップホップについてなら、俺より後藤くんのほうが絶対に詳しいよ（笑）。近くにいるとあんまり影響されないようにと思って、無防備には聴けないから。

後藤　若手の音源は聴かないですか？

Mummy-D　聴いてはいるけど、ちょっと斜めに聴いてしまうところがあると思う。「俺だったらこうやるな」と感じる部分は、やっぱりあるから。

後藤　世代によってリリックの変化みたいなものってあるんですか？

Mummy-D　抽象的というか、〝そのまま届けたくない〟みたいな感覚はあると思う。たぶん、俺らの世代がやってることって、ビートの上に譜割がしっかりとあって、そこにきっちりとラップが乗って、意味もちゃんと通ってみたいな。でも、前の世代がやっていたことを次の世代は、絶対に否定したいはずで。

宇多丸　アメリカでもそうですからね。僕らが影響を受けたアメリカのラップ自体が、今となっては、かなりオールドな部類に属するんだけど、最近の潮流は、ビートに対してもうちょっとラフに構えているというか、「ビート？　そんな簡単に乗らないから」みたいな（笑）。アメリカのヒップホップの動向と日本のシーンの関係って太陽と月みたいなもので、ジャンル全体のレギュレーションが刻々と変更されてゆく感じはある。

後藤　僕がRHYMESTERを聴いて、まず驚いたのがDさんのリズムの良さでした。当時、Dさんのインタビュー記事を読んだ記憶があるんですけど、「俺はビートの鬼だから、常にビートを研究している」みたいな。

Mummy-D　俺、ビートの研究したかなぁ。(宇多丸に) 俺、研究してた？

宇多丸　知らねぇよ（笑）。ただ、一緒にやってて思うのは、Dの体内タイム感はただごとじゃないということ。音を1回聴いただけで、あとは無音でバシっと決まるリリックを書いてきますから。普通はビートを聴きながらっていうのが多いと思うんですけど、Dの場合、既にそのビートが体に入っていて。

後藤　やっぱり、ビートの感覚がずば抜けてるんですね。

Mummy-D　でもね、俺がやってるリズムは、ものすごくカッチリしてるから、逆に今の若い世代がやってるような、リズムから自由な感覚とかはできないんだよね。だから、「ちょっと古くさいかもしれないっすけど、自分、これしかできないんで、お願いします！」みたいな感じでさ（笑）。

後藤　一方で宇多丸さんのリリックは、メッセージ性が強くて、そこが僕は好きで。

宇多丸　ありがとうございます。

Mummy-D　昔、歌詞派か否かみたいな争いがあったよね？

宇多丸　歌詞派？　なんだっけ？

Mummy-D　歌詞を聴くか聴かないかで、ふたりで大紛糾してさ（笑）。「なぜ、お前は、こんな素晴らしい歌詞を聴かないんだ！」って、宇多丸さんにすげぇ詰められたもん。

宇多丸　はははは！　あったあった！

Mummy-D　俺、音楽が好きになった10代以降、どうやらドラムしか聴いてなかったぽくって。メロディも好きなんだけど、どうやら、歌詞は聴いてなかった（笑）。ところが最近ね、歌詞がすごく興味深い！

後藤　最近って（笑）。

Mummy-D　だって、歌詞への感覚の変化って『マニフェスト』[※3]というアルバムをリリースした時期からだから。そうなると自分が書くものも変化してきて、ほかのポップミュージックと並べた時に「どんぐらいの強度があるのか？」ということを初めて考えるようになってさ。

後藤　宇多丸さんはどうですか？

宇多丸　歌詞とか、ラップのスタイルとか、日々考え方が変わるんですよね。例えば、歌の機能性のどこを重視するか。リアルタイムでわからせるのか、歌詞カードを見たときにわからせればいいのか。特に、前者を狙っている時は、日本語の場合、リアルタイムで聴いてる人にわかってもらうのは……。

後藤　ハードルが高いですよね。

宇多丸　ですよね。ハードル、感じます？

後藤　はい。漢字にしても、同音異義語が多いですし。

宇多丸　日本語って、英語に比べて極端に音素が少ないでしょ。言ってしまえば、音としての情報伝達能力が弱い言語ではある。だけど、字で見ると漢字があって、ひらがながあって、カタカナがあってと、視覚伝達能力には優れていて。だから、日本人がテレビの字幕を大好きなのはそれだっていう仮説もあって。

Mummy-D　そうなんだ！

後藤　なるほど！

宇多丸　いや、っていう俺の仮説ね（笑）。ま、そこが日本語で言葉を届けることの難しさでもあり、工夫のしどころでもある。同音異義語が多いってことはダブルミーニングを狙いやすいともいえるわけで。

後藤　最近、音楽の聴き方がiTunesとかに移行してきているじゃないですか。そうなってくると、聴いてるそばから何を歌っているのかがわかんないと、音楽のライトユーザーの耳には届かないんじゃないか。そんなことを最近、たまに思っちゃうんですよ。

宇多丸　うんうん。極度に平易な歌詞だったり、「それって、曲を書こうと思った時に、テーマを書き出した1行目のそれだよね！」っていう内容だったり。「テーマそのものずばりがサビじゃねぇか！」みたいなさ。それってどうなんだ？　それを表現と呼ぶのか？　とは僕も感じます。

Mummy-D　でも、後藤くんの歌詞はそうじゃないよね？　深い言い回しっていうかさ、一聴しただけではなんの歌だかわからない曲がちゃんとあって。

後藤　比喩が好きですね。根本的に、僕は、「すべての人にわかってもらえなくてもいい」と、どこかで考えてるような気がするんです。それよりも、書きたい書き方で、やりたいというか。おふたりは、どうですか？

宇多丸　曲によりますね。射程距離を伸ばして多くの人に届けたい時もあれば、「これはわかんなくてもいいや」と思う時もあって。ただ、射程距離を伸ばしたいときによく例としてあげるのはユーミンのストーリーテーリングの確かさなんです。ユーミ

ンって、曲調の好き嫌いはともかく、『DESTINY』[※4]の最後の一節を聴くと多くの人は鳥肌が立つだろって。その感覚は目指したいなぁと思いますね。

Mummy-D　俺が思っているのは……「どうせわかってもらえないんだろうなぁ」かな。

宇多丸・後藤　はははは！

Mummy-D　もちろん、自分の歌詞はめちゃくちゃ平易な言葉にしようと思っているのね。というのも、俺はアブストラクトな表現が苦手だからさ。ただ、俺たちの世代でヒップホップを好きになったやつらって、自分の世代からも疎外されてきたから。「ヒップホップ、何それ？」って。だから、基本的に自分たちがポピュラリティーを得られると思わずに続けてきて、日本にヒップホップが根付くのは次の世代か、へたしたらその次の世代かなぁと思ってきたわけ。だって、ラップってさ、速いじゃん？

後藤　言葉の届け方がですよね。速いですね。

Mummy-D　速いし、歌いづらいし。だから、「どうせわかってもらえないんだろうなぁ」ってなるわけ。でも、そもそも歌にしたって100%は伝わらなくない？
後藤　100%なんて無理だと思います。
Mummy-D　ね。俺の感覚としては、5%が伝わればよくて、だったら、その5%で聴いた人を殺したいっていうかね。
後藤　はなから言葉だけでは伝わらないと思っているから、音楽を選んだわけですからね。
宇多丸　ゴッチさんて、どんな感じで歌詞を書いているんですか？
後藤　曲から作るんですけど、まず、英語か日本語かわからないような鼻唄をバーって作ります。その仮歌の母音と子音を守りながら、歌詞を書いていますね。
Mummy-D　そうなんだ！　だから、あぁいう感じになるんだ！
後藤　言葉ってどこを取っても意味がありますよね。だから、コラージュのように歌詞を作っている感覚があるんです。最終的に一枚の大きな布になっていれば、テーマは、その大きな布の真ん中に存在しうるだろうと。昔はもう、細かい布をむちゃくちゃに貼っていたんですけど、最近はもうちょっとわかりやすい布で作っていこうとかの変化はありますけど。
Mummy-D　その布の話はわかりやすいね。あまり繊維に近づいていっても、「何こ

れ？」ってなるもんな。

宇多丸　ね。細かいところにいき過ぎると、情報量が多過ぎて全体がわからなくなる。全体として模様に見えたほうがいいと思う。

後藤　コラージュした布の話とも、ちょっと重なるんですけど、僕、ラップしたいって気持ちがずっとあって。この前のアルバム（『マジックディスク』）の1曲目の『新世紀のラブソング』で挑戦しようと思って、仮歌まではラップみたいに作ったんですよ。でも、最終的には、なんか……歌っちゃうんですよね。

Mummy-D　そうだったんだ。でも、後藤くんがラップしたいという思いの片鱗は、その曲にも含まれてると思う。なんか、感じたもん。ラップの要素みたいなものをさ。

後藤　ありがとうございます。なんで、僕がラップに興味を持ったかというと、原点はボブ・ディランだったと思うんです。歌ってんだか、しゃべってんだかよくわからないあの感じが大好きで。その後、ノエル・ギャラガーがずっとお手本だったんですけど、「歌なんて韻を踏まなきゃ意味がない」と彼が言っていて、その言葉にも影響されて。だから、昔から韻に興味があって、その魅力についてもかなり考えてきたはずなのに、いざ自分がラップしようとしたら……。

Mummy-D　意外と韻を踏まなかったんだ？

後藤　そうなんです。なんか、歌っちゃうんですよ。ヒップホップって1小節のなかで何回も韻を踏んだりもするじゃないですか。僕はもうちょっと間隔をあけてほしいというか、そこまで言葉に制限されたくないのかなぁ、なんて感じたんですけど。

Mummy-D　わかる。わかるというか、逆に、俺の場合は、制約がないと自由過ぎちゃう感覚がある。後藤くんがさっき言ってた「仮歌の母音や子音を活かしながら歌詞を書く」みたいなガイドがないと、ヒップホップって音楽として成り立たないんじゃないかっていうかさ。だからね、もしも「韻を踏まずに歌詞を書いてよ」と言われても「ちょっとだけ踏んでいいっすか？」ってなると思うんだよね。俺は、リズムを作るために韻を踏んでいるから。韻のために韻を踏んでいるわけじゃないから。で、リズムを生むには、韻を踏むのって、そうとう有効だと思う。

後藤　一方で、散文的な世界では小説の素晴らしさがあるじゃないですか。だったら、僕らは音楽でしか表現できない何かを作らなかったら太刀打ちできないと思うんです。

ロックの歌詞には言葉数の制限があるけど、その分メロディを付けて、言葉を補えたらって。

Mummy-D　そこが、いちばんうらやましいところじゃん！　だってさ、ロックにおけるメロディという存在のキャッチーさと言ったら、リズムの比じゃないからね。

宇多丸　うん。あとさ、メロディそのものが、ある種の感覚を伝えているじゃないですか。このね、ある種の感覚を伝えるっていうのが、ラップの場合はすごく難しい。ニュアンスだけを伝えるっていうのが苦手なんですよ。

Mummy-D　そうそうそう。ラップって線画みたいな感じだけど、ロックが描く絵には色が付いてる。

後藤　それと同じことをバンド内でも話しますよ。「今のところ、ちょっとカラフル過ぎるね」とか。

Mummy-D　いいじゃん、もっとカラフルになっていこうよ（笑）。俺らなんて、いっつもモノクロなんだから。でさ、たまにちょっとサビだけでもつって色を付けてみるんだけど、誰もそれを歌とは捉えてくれなくて（笑）。

宇多丸　あとさ、メロディがあると、そのメロディの感じと歌っていることとの意味にちょっと距離があったりすると、そこにまた別のニュアンスが生まれてくるわけじゃない？

後藤　はいはいはい。

Mummy-D　超メジャーコードしか使ってないのに、失恋の歌詞がのっかると逆にグッとくるみたいな？

宇多丸　そうそうそう。もちろん、ラップのトラック自体にもその手の色は存在するけど、距離感のパターンがロックほどには、生まれないと思うんだよね。

Mummy-D　だね。俺が思ったのは、さっき、後藤くんが「最近のロックの歌詞は内省的過ぎる」と言ったけど、その点こそが、うらやましいと思うことでさ。俺らが内省的になると、俺バナになってしまって、ブルースにしかならないんだよね。でも、ロックの内省的な歌詞にはそれだけじゃないパターンが生まれうるような気がするんだけど？

後藤　そうなんですかね。ただ、少なくとも僕は、ロックの内省的な部分に辟易としているんです。みんな、自意識を投げつけてくるばっかかっていうか。聴かされているこっちは、もう捕るグローブがないよって。

宇多丸・Mummy-D　はははは！

後藤　ガチガチの自分の歌が多くて、私《わたくし》性が強過ぎると思うんです。うまく言えないんですけど、もうちょっと……例えば街の風景とか歌えることはあるだろって。

宇多丸　ロックに限らずだけど、なんか日本の歌って極度に限定されているとは僕も思います。それって、ここ30年程度の話だと思うんだけど、内省的な歌か恋愛の歌か、あるいは「なんかいい感じのこと歌いました！」みたいなさ。あまりにも、歌うトピックが限定され過ぎていて。ひるがえって、フォーク全盛期の頃なんて、その歌われてる内容には「職務質問されてムカついた！」みたいな、いい意味での、むちゃくちゃな感じがあったはずですよね。それがいまやね、受け手も送り手も、限定的になっていて。

後藤　ほんと、そうですよね。宇多丸さんが、さっき言ってた「テーマそのものずばりがサビだろ」に近い感覚は、僕にもあったんです。僕、活字が好きなので、『WHAT's IN?』（音楽専門誌）とか、隅から隅まで読むんですね。

Mummy-D　ははは。ほかの人のインタビューを？

後藤　はい。そしたら、ロックだろうがアイドルだろうが、だいたいみんな同じことを口にしているんです。僕も含めて（笑）。

宇多丸　わかる！　インタビューの見出しってあるじゃないですか。あれって、「等身大の自分たちが詰まったアルバムです」とか、大別して3種類ぐらいしかなかったりするから。

Mummy-D・後藤　ははははは！

宇多丸　さっき、ゴッチさんが「街の景色も歌になるはず」とおっしゃったけど、まさにその通りで、徹底的に具象的な歌詞を綴るのだって全然ありだと思うんですよね。

後藤　日本だと成立しにくいんですかね。クイーンの「バイシクル・レース」とかも、王様が直訳でやってるのを聴いてたら「じーてんしゃ！　じーてんしゃ！」って歌ってるだけじゃないですか。あれ、英語圏の人がどう感じるのか、すげぇ聞いてみたいですもん。

宇多丸　ははははは！

Mummy-D　でも、そういうことだよね(笑)。

宇多丸　その限定させられた感って、表現というジャンル全般に広げてみても、実は音楽がいちばん顕著なんだよね。日本の小説だって、えぐい表現だろうがおもしろければ受け入れられてるし、漫画なんてさ、『闇金ウシジマくん』[※5]みたいな作品が大量に読まれている。ところが、これが音楽になると急にさ……。

Mummy-D　「なんでネガティブなことを歌うんですか？」とか言ってくるヤツが現れる。

宇多丸　そう。とくに、3・11以降、その手のムードを強く感じるんですよね。

後藤　僕が最近よく言われるのは「なぜプロテストソングを歌わないんですか？」なんです。もちろん、音楽の持つ力みたいなものは凄いと思っている。個人を救う可能性はいつだってある。でも、僕の考えとしては、「ジョン・レノンでさえプロテストソングで世の中を変えることができなかったじゃん」という思いがあるんですよ。

宇多丸　っていうかさ、プロテストソングを作れと言われて、あるアーティストが実際に曲を書いたとしたら。そんな書かされた曲、最低だろ！　って思いますけどね。

Mummy-D・後藤　はははは！

後藤　とにかく、僕は多様性が失われつつある、今のムードに違和感があるんです。だいたいですね、「プロテストソングを書け」と言われても、そもそも僕、バンドを組んだ頃の歌詞なんて「言いたいことなんて別にないなぁ」から始まっていて。

Mummy-D　あ、そうだったんだ？

後藤　はい。だから、英語で歌ってたりもしてたんですけど、歌詞を書き続けているうちに、楽しくなってきたんですよね。文語と口語で伝わり方が全然違うんだなとか、音楽とのマッチングの妙であったりだとか。だから、今の気持ちは、いろいろと現状に違和感はあるけど、逃げないで歌詞とも向き合っていこうと思っています。それも、堂々と。裏通りじゃなく、表通りで音楽を鳴らす人もいないとダメだと思うので。

宇多丸　表通りか……すげぇいいと思います。俺自身は、今日のテーマでいう「音楽とことば」で言うのなら、昔っから実現したいイメージがあるんですよ。

後藤　どういうイメージなんですか？

宇多丸　ブースで俺が16小節のラップをする。完璧に録り終えて、固いドアノブを開く。そしたらね、スタジオで俺のラップを聴いていた全員が、号泣しているっていう。

Mummy-D　スタジオの全員が号泣するってどんな16小節だよ（笑）。

宇多丸　実際は、みんな雑談してお菓子かなんか食ってるからね。だから、幻想でしかないんだけど、「この16小節が書けたら引退してもいい」という、究極の殺傷能力を持った16小節を目指したいですね。

後藤　Dさんはどうですか？

Mummy-D　俺はね、「みんなが歌えるラップ」かなぁ。サビじゃなくて普通のバースで、そんな歌詞が書けたのなら……。

宇多丸　ラップでそれはね？

Mummy-D　難しいから。今の俺の歌詞に取り組むスタンスは、どんどん整理する方向に向かっているけど、癖はやっぱりあって、難しいリズムもやっぱり使いたくなる。でも、いつか「みんなが歌えるラップ」ってやつを書いてみたい。その曲が流れてる世代の人が、みんな歌えて、かつ、カッコ悪くないラップ。そこは目指したいな。

後藤　なるほど。今日は本当に有意義な話をありがとうございました。

宇多丸　こちらこそです。ゴッチさんの対談に呼んでもらえて光栄でした。

Mummy-D　本当にありがとう。次は、ぜひ、お互い嫌いなミュージシャンの話題で盛り上がりましょう（笑）。

（2011.11）

※1 S.L.A.C.K. Pumpee + S.L.A.C.K. + Gapperからなるヒップホップ・クルー「PSG」のメンバーで、S.L.A.C.K. 名義でも作品をリリース。注目の若手ラッパー（P304参照）。

※2 Romancrew　1999年大阪で活動をスタートさせた4人組のヒップホップ・ユニット。ヒップホップだけでなくソウルやファンクなどのブラックミュージックの要素も融合させている。

※3 『マニフェスト』 RHYMESTERが、2010年2月にリリースしたアルバム。オリコン・デイリー・チャート3位、ウィークリー・チャート5位と20年のキャリアで最も高い順位を記録した。

※4 『DESTINY』　1979年12月にリリースされたアルバム『悲しいほどお天気』に収録されたナンバー。ライブツアーの定番曲であり、ドラマの挿入歌、CMソングとしても使用されている。最後のフレーズは「むすばれぬ　悲しいDestiny」。

※5『闇金ウシジマくん』　2004年より『ビッグコミックスピリッツ』で不定期連載されている真鍋昌平による漫画。10日5割の超暴利闇金融「カウカウファイナンス」に訪れる客と関係者の様々な人間模様が描かれている。2010年にテレビドラマ化、2012年には映画化されている。

PROFILE

宇多丸（うたまる）
1969年、東京都生まれ。人気ヒップホップ・グループ「RHYMESTER」のラッパーにして、J-POPから映画、アイドル、ゲーム、本など、あらゆるテーマを語り尽くす当代随一のトークマスター。2009年、TBSラジオ『ライムスター宇多丸のウィークエンドシャッフル』で、第46回ギャラクシー賞「DJパーソナリティ賞」を受賞した。レギュラー番組、著作多数。

Mummy-D（マミーディー）
1970年、神奈川県生まれ。〝キング・オブ・ステージ〟こと「RHYMESTER」のラッパーでありプロデュースも担当。ZEEBRAやKREVA他数々のヒップホップ・アーティストとの客演やプロデュースはもちろん、椎名林檎との共同作詞など幅広く活躍。2004年には、ギタリストである竹内朋康と「マボロシ」を結成するなど、RHYMESTER主要作品のみならず、手がけた作品、客演曲は膨大な数にのぼる。

表現と手段

宮藤官九郎×後藤正文

後藤　今日、宮藤さんの文春の連載、読みながら来たんです。

宮藤　そうなんですか？　ありがとうございます。

後藤　宮藤さんの作品、大好きで、連ドラも結構チェックしていて。中でも『ぼくの魔法使い』[※1]が好きなんですよ。

宮藤　あぁ、ありがとうございます。そうですか。すみません。……すみませんでもないですけど（笑）。「『ぼくの魔法使い』が好きです」って言ってくれる人、たまにいらっしゃいますけど、変な人が多いです（笑）。やっぱり変なドラマですから。あれが何で連ドラでOKになったのか、いまだにわからないっていう（笑）。

後藤　ははははは（笑）。放送当時は『木[※2]

更津キャッツアイ』ほど、友達と共有できなかったんですよね。「こんなに面白いのに、なんでみんなこの面白さがわかんないんだ」って思って。例えば『木更津キャッツアイ』は、切なさもあるじゃないですか。でも『ぼくの魔法使い』は、本当に笑えるだけで（笑）。

宮藤　最近、うちの娘が、将来、テレビに出る人になりたいって言い始めたんですよ。前は、お菓子屋さんとか違うこと言ってたのに。「何で？」って聞いたら「古田新太になりたい」。「ちょっと待って、どういうこと？」「男も女もできていいなぁ」って言うんですね。〝あぁやばい、たぶん『ぼくの魔法使い』を観たんだ〟と思って（笑）。それで、いろいろ仕組みを説明して「あれは誰でもできることじゃないんだから、諦めた方がいいぞ」って言ったら、諦めました。僕が本気でやめてくれって思って話したから、察知したんでしょうね。

後藤　（笑）。本日の対談は、編集担当から〝表現と手段〟をテーマにって言われてて。

宮藤　そうですか、なるほど（笑）。もの凄く内容があるか、もの凄くないかのどっちかですね、こういう場合。

後藤　そうですね（笑）。対談って、結構、大変なんですよね。僕は、得意じゃないです。宮藤さんのグループ魂とアジカンは、同じレーベルですけど、会社でお会いすることもなかなかないですね。

宮藤　グループ魂がキューンレコードに移籍してきた時、もうアジカンはキューンからデビューしていて。その前からもちろん存在は知ってました。CD屋でジャケットが気になって、買ってましたね。こうやって、後藤さんとじっくり話すのは、今日が初めてなんですよね。

後藤　そうですね。僕、グループ魂、前から好きで。キューンの前のレーベルにいた時から、聴いていたんですよ。

宮藤　えーっ！　そうですか。なんか嬉しいってよりも「えーっ！」っていう（笑）。

後藤　僕、ナンバーガールが好きで、そこから知ったんです。ナンバーガール[※3]とコントをやってる曲があって。それが凄く面白かった。向井さんの歌も最高だったし。

宮藤　そうか、ナンバーガールとかイースタンユースもお好きなんですよね。

後藤　そうです、そうです。日本語でやるにあたって、いちばん影響を受けたのがイースタンユースなんですよ。いまだに吉野さんに会うのはいちばん緊張しますね。たまに一緒に相撲を観に行ったりするんですけど。

宮藤　え？　マジすか？

後藤　ええ。でも緊張して、音楽の話、一切できないですもん。相撲の話はするけど。

宮藤　以前の『ゴッチ語録』を読ませて頂いたんですよ。で、こんなこと言わせてもらうのはあれなんですけど……僕と、共通する部分が結構あった。後藤さんは、大学が軽音楽部で、初めて音楽をやったって書いてあって。実は俺も軽音楽部が初めてだったんです。高校までは、バンド組めなかったんですよね。なんか、バンド組んでいい人っていうのがいるような気がしてたんです、なんとなく。

後藤　あぁ！　俺もそれ、思います。学校の中でのことですよね。

宮藤　ですよね。で「俺は、その中に、入ってないな」って思ってた。

後藤　ははははは（笑）。自分判断で？

宮藤　ええ、完全に自分判断で。

後藤　僕も自分判断でしたね。パンクって言っちゃいけない言葉って感覚でした。パンクって言ったら殺されるんじゃないだろうか、とか（笑）。話だけ聞いてびびってたんですけど、ライブハウスって行っちゃいけないところ、殴られるところだと思ってましたね。

宮藤　僕が通っていた高校が男子校だったんですけど、バンドやっている人だけ、女子高と交流があったんですよ。で、自分が、そこの中に入って、もしモテなかった時に、きっついなあって思っていたんです。入ったのに、モテないってのがきつい、だったら入ってないからモテないんだってことにしときたかった（笑）。で、バンドやっている友達をうらやましいなと思いながら、その周辺にいた感じなんですよね。

後藤　バンドをやろうと思った決め手は？

宮藤　やりたかったんですよ、どうしても。ずっとカッコイイなって思ってたんでしょうね。それで新聞配達して、ギターを初めて買いまして。でも、ギターを持ってるってことが友達にばれると〝あいつバンドやりたいんじゃないか〟と思われる。それが嫌だから、ギターを持っていること、ずっと隠してたんです。アンプも持ってたんで、ずっと家でひとりで弾いて……それで満足できるはずないのに、ひとりで無理やり完結してたんですよね（笑）。

後藤　僕、浪人の時にギターを買ったんですよね。浪人で東京に出てきて、深夜に『BEAT UK』※4を観るようになって。そこでオアシスとか、レディオヘッドとかにはまっちゃって。

宮藤　あぁ、プライマル・スクリームとかね。あの番組、放送時間、夜中の3時半くらいでしたよね？

後藤　そうです。僕、浪人時代、新聞配達してたんですよ（笑）。

宮藤　あはははは（笑）。一緒だ（笑）。

後藤　はい（笑）。それで『BEAT UK』観てから配達に行ってたんですよ。新聞屋の給料で、僕もギターを買ったんです。

宮藤　へぇ〜、そこも同じだ、へぇ〜（笑）。

後藤　そうなんです（笑）。

宮藤　この共通点はどうなんだろう（笑）。

後藤　ギターといえば、グループ魂の曲の中に「チャーのフェンダー」って曲がありますけど、やっぱり、Charさんのことは、かなりお好きなんですか？

宮藤　もう……好きも何も……直接タイトルにしちゃってるんで（笑）。

後藤　あはははは（笑）。

宮藤　あれはもう、好きだ、リスペクトだ、オマージュだとかっていうレベルじゃない。もはや、ネタですから（笑）。ちなみに、後藤さんは、そういう好きな音楽を、どういう取り込み方をして、どういう吐きだし方をしてらっしゃるんですか？　というのも、僕、アジカンの音楽聴いてて、何に影響を受けているのか、あんまりわかんないんですよね。なんていうのかな……ムードとかっていうのは、洋楽っぽいなと思う。前の『ゴッチ語録』を読んで〝ウィーザー〟って書いてあって、ウィーザーはわかる、なるほどなるほどと思うことはたくさんあったんですよね。でも最初に聴いた時は、はっきりとした影響がわからなかった。だから、聴いた音楽を咀嚼して出しているのかなと思ったんですよね。

後藤　デビュー当時に憧れてたのは、ナンバーガールですね。「N.G.S」[※5]（ナンバーガール・シンドローム）って曲があるぐらいなんで。この曲は、もうナンバーガールが透けて見えるくらいの曲だったんですよ。だから「ナンバーガール○○○」みたいな曲名にしとかないと……。

宮藤　まずいな、と？

後藤　そう。失礼だな、と（笑）。

宮藤　あはははは（爆笑）。

後藤　だから「N.G.S」（ナンバーガール・シンドローム）って、はっきりタイトルにしようと。そうじゃないとオマージュにならないなと思ったんです。デビュー当時、〝ナンバーガールの影響を受けてますね〟ってよく言われましたから。そりゃそうだよ、だって〝ナンバーガール・シンドローム〟って言ってるじゃないっていう（笑）。

最近は、すぐにわかるような影響は、あまり出てないですね。僕は、世代的にサンプリング世代なんで、誰かがリフとかを〝ネタ〟として、そのまま使っていたとしても、聴いてて気にならないんだけど、自分自身はあんまりやらないですね。ただ、USインディが好きでよく聴いてて。自分のホームページで、レコメンド書いたりしてるんですけど、それを読んだ洋楽ファンに、たまに言われるのは〝聴いてる音楽とやっている音楽が違いすぎる、どうしてなんだ？〟と（笑）。〝ちっくしょー〟とか思ってますけど（笑）。でも他のメンバーがいるんで、好きな洋楽のようにはならないっていうのもありますけどね。

宮藤　あぁ、そうか、みんながそれぞれ好きな音楽があるから。

後藤　はい。だから〝なんとかっぽくしたいな〟と思ってもそうならない。

宮藤　あぁ、なるほど。それは音楽に限らずですよね。例えば僕も、ある映画を参考にして、自分の映画のワンシーンを作ったつもりなのに、そこ誰も気が付いてくれない。で、全然違うものと比較されたり、言われたりっていうことはありますね。『爆裂都市』[※6]って映画が凄く好きで、その映画の中にあった裸電球をバットで割るっていうシーンを自分の映画の中でもやったんです。でも、誰も気がついてくれなかった（笑）。だけど『爆裂都市』で美術をやっていた阪本順治監督が、たまたま現場に来ていた時に「あの電球、俺が買ってきたんだよ」っておっしゃってくださって。でもその時は、〝あぁ、わかってくれたんだ〟……ってよりも、〝ば、ばれたっ！〟ていう感覚の方が、大きかったです。

後藤　あはははは（笑）。

宮藤　そんな感じで、あえてやっていることなのに、まったく理解してもらえなかったっていうことの方が多いですね。でも別にわかんなくていいしって気持ちもあって。例えば、ギターであのソロ弾いてみたい、あのフレーズ弾いてみたいと思ってやっちゃうのと、同じ感覚でやってたんですよね。だから、作品全体に何かの影響が出るわけでもないし。もはや、気付いてくれなくてもいいんですよ。自己満足なんですよね。なんか……ちっちゃい自己満足に支えられて、もっとおっきいものができてるって感じですかね。

後藤　あぁ、なるほど。なんか、わかります。

宮藤　僕、『ゴッチ語録』を読ませてもらって、後藤さんの文章、面白いなと思ったんですよ。ミュージシャンって、文才ある人、多いですよね。歌詞を書いているからかもしれないけど、フレーズとか、〝おっ！〟と思うところが、多かったですね。

後藤　すごく嬉しいです。ありがとうございます。世代的なものもあるかもしれないけど、僕、松尾スズキさんが好きで。松尾さんの本とか読み過ぎて、たぶん、文体とか影響受けているんですよね。

宮藤　そうなんですか。僕は、ずっと松尾さんの近くにいたから、そこから離れようと離れようとしていた時期がありましたね。最初の頃……それこそ20代の頃は、松尾さんとは違うことをやろうと、ずっと思ってやってましたね。自分の中で、ずっと続けていくんだったら、松尾さんと違うことやらなくちゃって、ちょっと無理していたところもあったと思うんだけど。後藤さんは、普段からかなり本を読んだりするんですか？

後藤　本というか、活字が好きなんですよ。ライブハウスに行ったら、そこに置いてるフリーペーパーとか片っぱしから読んだりしますね。昔から書くのも好きですけどね。大学の後輩から、後藤さんはしゃべるよりも書いた方が面白いって言われたことがあって。大学生の頃、アジカンのホームページを自分で作って書いてたんですけど、ホームページで書いてることが面白いって。その時は失礼だなと思いましたけど（笑）。

宮藤　へぇ〜。

後藤　でもそれが歌詞に活かされているわけでもなくて。歌詞って、定期的に書いているんで。下手したら、1年ずっと書いているような状態の時もあるから。

宮藤　やっぱり、書いた歌詞は、ノートとかにためているんですか？

後藤　あんまりためないです。曲作ってから書くので。グループ魂は、歌詞が先なんでしたよね？

宮藤　前は全部歌詞が先だったんですけど、今は8割くらいですね。

後藤　僕、歌詞から書けないんですよね。一時期、詩だけ書いてた時期ありますね。それは詩を書く練習だったんですよ。だからその時に書いた、曲にしていない詩が、何百篇もある。書いていたころは、詩をもっとちゃんと書けるようになりたいと思って、毎日、ひとつ書こうってルールを決めて、書いていたんですよ。それを1年以上続けていた時期があった。ノートで何冊にもなってますね。

宮藤　おぉ～。すごいなぁ～。その中から、バンドの歌詞になったものはあります？

後藤　たまに断片で残っているものがあったかな……。即興みたいなことをやろうとして出てきたことがあったんですけど、なんか、今はほとんど忘れちゃいましたね。でもそうやって毎日書いていたら、自分でもちょっとまともに歌詞が書けるようになったって感じるところもあった。だからトレーニングは必要だな、っていう。文章もそうですよね。ずっと書いてないと、久々に書いた時、文体が変になっちゃう。でますとか、統一できないんですよね。感覚を思い出すまでが大変っていうか……。だから文章も定期的に書かないといけないな、と。

宮藤　すごいなぁ～、それは。

後藤　曲もそうなんですよね。ライブとかで、しばらくやらない曲とかもあるじゃないですか。もう……正直に、改めて聴かないと、細かいところまで思い出せない（笑）。家で曲聴きながら、耳コピするって、耳コピするっていう。〝自分の曲、耳コピするって、どういうこと？〟とか思いながらやったり（笑）。それで、どうしても時間ない時は、バンドスコアを出していただいているんで、それを見たりとか。

宮藤　えー、がっかりですね〜！

後藤　あははははは（笑）。

宮藤　アジカンファン、がっかりじゃないですか、それ。

後藤　そうですよね。すみません（笑）。

宮藤　スコア見ながら、５６７７７５７７７とかって？（笑）

後藤　さすがにそこは（笑）。タブ譜は見ないですけど、コードを確認するのには、スコアは結構便利なんですよね（笑）。スコア出た時は、実際はこんな楽譜で演奏してないんだよなーとか思っているんですけど、いざって時にはありがとうございます、と。

宮藤　僕は、自分の曲に関しては、意外と、ギター、忘れないんですよ。でもメンバーの富澤さんとかは、普通に忘れてる。リハーサルの時、これまでの曲のコード譜をファイルにして持ってくるんですね。で「あの曲やろうか」って言うと、ページをめくって演奏するんですけど、その姿、全然バンドマンじゃないと思って。〝譜面ばっか見やがって〟と思って、突然「その譜面通りにやらないよ！」って言ったりしますね（笑）。僕、形から入る人間なんで、そういうのが本当に嫌なんですよ。リハーサルでもずっと立ってて、いつでも本番みたいな感じでいたいっていうか。まぁ、最初から立ってるの僕ひとりなんですけど。

後藤　わかりますねー。僕も座ってリハーサルするの、嫌いなんですよね。うちのバンド、リハーサル、全員、立ってますけどね。譜面台も、僕の歌詞以外はないですね。
宮藤　ほら、やっぱり、バンドはほら！
後藤　(笑)。僕、レコーディングも立ってやって欲しいんですよ、実は。
宮藤　へぇ〜。あ、でも僕、レコーディングでも最終的に立ちますよ。これ以上、うまく弾けないってわかった時は立ちます。
後藤　あはははははは（大爆笑)。
宮藤　テンションだけでも、さっきよりもいいものを……みたいに思ったりして。
後藤　あぁ、あります。僕、それのいちばんやばい時は、椅子に上ったりしますよ(笑)。テンションあげると、うまく弾けるんじゃないか、と。でもだいたい最後は、座って弾こうかってなりますけどね。

宮藤　いろいろあって最終的に座ります(笑)。
後藤　そう、最終兵器で前に戻る（笑)。
宮藤　なんか……後藤さんと年齢が5歳違うっていう、そういう世代の差もあるかもしれないんだけど、ロックってこうじゃんみたいな、ちょっと悪い人たちがやってるとか、不良っぽさ……みたいな感覚が、どうしても自分の中から抜けないんですよね。それが、僕より下のある世代からは、もっと素直に音楽と向き合っているな、と。すごくいいなと思うんですよね。でも後藤さんは、話してても、文章読んでも、男男してる感じがしますね。
後藤　あぁ、男っぽいロックが、好きかもしれないですね。でも、今おっしゃった世代とかで言うと、真面目にロックするようになった世代だとは思いますね。僕ら

の世代って、ちょっと、オタクが入ってくるんですね、やっぱり。最近のアメリカやイギリスのバンドとか、オタクが多いですもん。

宮藤　もっと下の世代、例えば、今の20代前半とかだと、一回りして不良っぽいような感じの人たちがいたりしますよね。世代で一括りにすることはできないと思うんですけど。

後藤　でも、最近の若い不良の子たち、CD買わないいんじゃないかなって思うんですよね。最近は、CD買ってるだけでマニアとか言われるらしいですし。「へぇ、CDとか買うんだ、マニアだね」って。それ知った時、〝怖いなぁ〟て思いましたけどね。

宮藤　あぁ～、もう、困ったもんですね。ほんっと、我々にとっては。

後藤　困ったもんですね（笑）。YouTubeで聴いちゃうんでしょうね。

宮藤　そうなんだ。でも我々も、若い子の心配し始めたら、終わりですよね（笑）。

後藤　ほんっとに（笑）。実は、今回の対談にあたり、編集担当でも、いくつか質問を考えてくれたんですよ。

宮藤　ほう。

後藤　その中からひとつ、質問してみたいな、と。喜怒哀楽の中で、表現のいちばんの原動力になっているのは？

宮藤　うーん……僕は、喜ですね。怒りは、大していいものを生まないと思うから。若い時、怒りもありましたけどね。哀しみもちょっとはあるけど、あまり好きじゃないから。だから強いて言うなら、喜かな。

後藤　僕も近いと思いますね。パンクバンドみたいに、何かに憤りを感じてバンドを

始めたわけじゃないんで。寂しかったんですよね。特に大学に入ったばかりのころは、何かやっていないと忘れられちゃうような感覚があった。自分に何もないから、何か作ってないと不安だったみたいな。だからバンドやってる時だけ、気がまぎれる……そういうところからスタートしてるんですよ。だから音楽を作っていること自体が、自分にとってはすごく嬉しいことなんですよね。作っていていろいろなこと……例えば、それ言っちゃお終《しま》いじゃんみたいな悲しみもあるんだけど、その中から喜びみたいなものを見つけられたらいいなって思いますけどね。

宮藤　それから、僕は、もっと、いやらしい気持ちとか大事だと思いますけどね。もう単純に……モテたいなとか。

後藤　バンド始めた当初は、僕も、モテた

いって気持ちもありましたけどね。だけどそれは、女の子にモテたいっていうのとは違って。〝お前、こんな音楽作ってすごいなって言われたい〟みたいな。僕、あまり友達多い方じゃなかったんで、なんか……人にモテたいと思いましたね。人にモテるヤツって、いるじゃないですか。友達いっぱいいて、下の名前で呼ばれてるヤツ、みたいな。

宮藤　あぁ、大っ嫌い！（笑）　まぁ、大っ嫌いとまではいかないけど、やっぱり悔しいですよね、そういう人を見てると。悔しいから、そうじゃない喜びを探すっていうか。友達いっぱいいる人、毎日メールたくさん、電話たくさん、うらやましい。でも、僕の携帯鳴らなくてもいいから、その分、違った幸せを得たいって思うんですよね。

後藤　それ、僕も同じです。（2011年）

※1『ぼくの魔法使い』　2003年4月から7月、日本テレビ系で放送された宮藤官九郎が脚本を手掛けたテレビドラマ。アクシデントがきっかけで何かを思い出そうとするとオッサンに変身してしまう妻と、その対処でオロオロする夫を主人公に、夫婦愛をコミカルに描いた作品。その妻を演じる篠原涼子と外見が入れ替わるオッサン役を古田新太が務めた。

※2『木更津キャッツアイ』　2002年1月から3月、TBS系で放送された宮藤官九郎が脚本を手掛けたテレビドラマ。岡田准一、櫻井翔らが出演。2003年、2006年に映画化もされた。

※3ナンバーガールとコントをやってる曲　グループ魂の事実上の1stアルバム『Run魂Run』に収録。ナンバーガールがコントで参加。

※4『BEAT UK』　1990年から2002年3月まで、フジテレビ系列で放映された深夜音楽番

組。イギリスのヴァージン・メガストアーズのシングル・チャートトップ20をメインに、各国のアルバムチャートトップ5など紹介。
※5『N.G.S』ASIAN KUNG-FU GENERATIONが、2003年11月にリリースした1stフル・アルバム『君繋ファイブエム』に収録。
※6『爆裂都市』石井聰亙監督が、近未来を舞台として描いたSFアクション映画。1982年に公開。大江慎也、泉谷しげるら当時音楽シーンを賑わせていたパンク・ロック、ニューウェーブのミュージシャンが多数出演。陣内孝則の初主演作品でもある。

PROFILE

宮藤官九郎（くどう・かんくろう）
1970年、宮城県生まれ。1991年、「大人計画」に参加。以降、俳優、劇作家、演出家として演劇ユニット・ウーマンリブやプロデュース公演でも活躍。2005年『鈍獣』で岸田國士戯曲賞を受賞。脚本家としてもドラマ「あまちゃん」「ごめんね青春！」などヒット作多数。監督第4作となる映画「TOO YOUNG TO DIE! 若くして死ぬ」が2016年に公開。バンド、グループ魂では、暴動としてギター、作詞、作曲を担当。グループ魂は、2015年に結成20周年を迎えた。

あとがき

いかがでしたでしょうか。

未だに、この単行本が面白いのかどうかを測りかねている部分がありまして、それは単に本業ではないからなのですが、「良い暇つぶしになりました」とか、「この人くらいの文章力と語彙でも本が出せるなら私にも希望があると思いました」いうような、ポジティブな感想を頂けたら嬉しいです。

さて、最後に何について書こうかと、ずいぶん時間をかけて迷いましたが、音楽の鳴らないこの場所で私が綴っているのは他ならぬ「言葉」ですので、「言葉」について現在思っていることを、少しだけここに記そうと思います。

今回の東日本大震災は、私にとって、生まれて初めて、当事者として受け止めなければならない巨大な危機です。本当に様々な問題が、いろいろな場所で浮き彫りになりました。それは、個人の生活スタイルから政治の問題にいたるまで、多岐にわたっています。ただ、それは今になって急に生まれたものではなくて、長い間、私たちが見て見ぬふりをしてきたものなのだと強烈に感じます。

芸術などの表現物は、ある種のカウンターとして、社会的な問題といつの時代も関わり続けなければならないと私は思うのですが、そういったことに自覚的にならなくても、表現物を作り発表する環境というのがあったことは事実です。それが幸か不幸かは別として、自身の存在証明というようなパーソナルな部分に没頭することが表現として成り立つような、そういうおおらかな時代だったのだと思います。それぞれが、それぞれの個人的な趣味嗜好に没頭できました。音楽に限らずとも、いろいろな分野でジャンルの細分化が進みました。音楽の分野で言えば、その細分化は閉塞感とも地続きでした。

いろいろな場所で様々な分野の人々が対流していくことの必要性は、ソーシャルネットワークの普及によって、とても良い形で世の中に現れてきていると思います。そこに新しい楽しみやエネルギーが生まれていることを感じます。これはとても嬉しいことです。ただ、交流の中から新しいエネルギーが発生する時には、結局のところ、関わり合う人たちの個性がエネルギーの質を決めます。これからは、それぞれが個について自覚的になる必要があります。所属している会社や組織やグループ、ジャンルや分野、そういう言葉／名前が全く自分自身の個性を担保しないことに気付く必要があります。

「なにこれ？　自己啓発本？」みたいな内容になってしまいました。自分探しに没頭できるほどやわな時代ではなくなってしまったことは、皆さんがご存じの通りです。そんな中、このような私の駄文に付き合ってくださったことを感謝します。どうもありがとうございました。

2011年12月

後藤正文

文庫版あとがき

「あ」の原稿を書いてから、おおよそ10年が経ってしまいました。文庫化のために、すべての原稿を読み返しましたけれど、20代の終わりに書いた文章との再会は、なんだか気恥ずかしいような、むず痒いものでした。

それでも、ところどころに青臭くもみずみずしいエネルギーが溢れ出ていて、あの頃に自分が持っていた誠実さとユーモアを、なんとか形にしようとしていたんだろうなと、そんなことも感じました。

しかし、本は良いですよね。なにが良いって、こうして文庫本のような収め方があることです。残し方と言ったほうが適切かもしれません。

紙は5000年くらい続いているメディアですから、CDやレコードよりも歴史があって、記録物として強いんです。そうした強いメディアに刷り直されながら、様々な言葉たちが図書館に収蔵されたり、書店から人々の手に渡ったりする様を想像すると、なんだかわくわくします。

レコードやCDは再生機器がないと鳴らせません。それだけでは、ほとんどプラスチックやビニールのゴミだと言っても過言ではないのです。でも、紙に刷られた言葉は、読める人さえいれば、どこでも再生できます。例えば、喫茶店に忘れられた僕らのCDやレコードをその場で再生することはほとんど不可能ですけれど、紙に書きつけられた言葉は、それが印刷物でなくたって、勝手気ままに振る舞いはじめます。おばあさんが忘れた編み物の雑誌を少女が手にとって、新しい何かがはじまることもあり得ます。

そういう意味で、ミュージシャンの僕は紙と言葉の在り方に嫉妬します。

音楽はどうなって行くのでしょうか。

楽器の歴史をひもとけば、数万年前から動物の骨などを加工した楽器があったことがわかっています。言葉を紙に書きつける前から、どうやら僕たち人類は音楽を鳴らしていたみたいです。かたやCDやレコードというメディアの歴史は、100年といったところです。随分と短いですよね。もちろん、素晴らしい発明品なのだと思いますけれど、音楽の歴史にとっては、ほんの一部でしかないのです。

音楽を容れることができる一番強いメディアってなんなのでしょうね。僕はときどき、そんなことを考えます。そして、それはたぶん、僕らそのもの、つまり人間なんだと思い当たります。だから、CDやレコードが現在よりも売れなくなって、それ自体がなくなってしまっても、心配いらないような気がします。何万年も、鳴らし続けてきましたから。音楽産業は終わっても、音楽が鳴り止むことはないでしょう。

それでも、この100年の間に積み上げられたポップミュージックの録音と、それにまつわる技術が失われてしまうのだとしたら、残念だとしか言いようがありません。世界中で、本当に素晴らしい、魔法のような音楽が記録され続けてきたし、いろいろなCDやレコードに救われて、僕もここまでやってこられましたから。役割りがいつか終わろうとも、できる間はバトンの受け手であり、渡し手でありたいと願います。

書きつけられた言葉だって、それを意味として取り出すのは人間です。CDやレコードの再生装置のような役割を、読み手がそれぞれ担わないといけないのです。いくら紙が強いメディアだとしても、読めなくなってしまえば、書きつけられた言葉との関係は途絶えてしまいます。優れた古典を紙屑にすることだってできるんですよね。つまり、読み手がどう読むのかということは、何が書かれていたのかと同じ意味なんだと思います。

こんな感じでいいのでしょうか、あとがきは。偉そうな大風呂敷を広げているわりに、文庫にしてまで残しておくべき内容だったかどうか、自信がありません。

でも、書いてしまったんです、こんなことを。

2016年3月

後藤正文

コメント
「バンドのロマンを教えてくれた、
ゴッチは僕の永遠のヒーローです。」

谷口鮪（KANA-BOON）

DISCOGRAPHY

SINGLE

『未来の破片』
2003.8.6 KSCL-905

1. 未来の破片 2. エントランス
3. その訳を

『君という花』
2003.10.16 KSCL-907

1. 君という花 2. ロケットNo.4

『サイレン』
2004.4.14 KSCL-917

1. サイレン 2. サイレン#

『ループ&ループ』
2004.5.19 KSCL-919

1. ループ&ループ 2. エントランス（LIVE） 3. 羅針盤（LIVE）

『リライト』
2004.8.4 KSCL-925

1. リライト 2. 夕暮れの紅

『君の街まで』
2004.9.23 KSCL-927

1. 君の街まで 2.Hold me tight

『ブルートレイン』
2005.11.30 KSCL-930

1. ブルートレイン 2. ロードムービー 3. 飛べない魚 4. 月光

『ワールドアパート』
2006.2.15 KSCL-934

1. ワールドアパート 2. 永遠に
3. 嘘とワンダーランド

『或る街の群青』
2006.11.29 KSCL-1068

1. 或る街の群青 2. 鵠沼サーフ

『アフターダーク』
2007.11.7 KSCL-1176

1. アフターダーク 2. 由比ヶ浜カイト

『転がる岩、君に朝が降る』
2008.2.6 KSCL-1207

1. 転がる岩、君に朝が降る 2. 江ノ島エスカー

『藤沢ルーザー』
2008.10.15 KSCL-1279

1. 藤沢ルーザー 2.Hello Hello

『新世紀のラブソング』
2009.12.2 KSCL-1512

1. 新世紀のラブソング 2. 白に染めろ

『ソラニン』
2010.3.31 KSCL-1575

1. ソラニン 2. ムスタング (mix for 芽衣子)

『迷子犬と雨のビート』
2010.5.26 KSCL-1580

1. 迷子犬と雨のビート 2. 雨上がりの希望

『マーチングバンド』
2011.11.30 KSCL-1880

1. マーチングバンド 2. N2 3. オールドスクール

『踵で愛を打ち鳴らせ』
2012.4.11. KSCL-2002

1. 踵で愛を打ち鳴らせ 2. リロードリロード

『それでは、また明日』
2012.7.25 KSCL-2077

1. それでは、また明日 2. 冷蔵庫のろくでもないジョーク

『今を生きて』
2013.2.20 KSCL-2193

1. 今を生きて 2. ケモノノケモノ

『Easter』
2015.3.18 KSCL-2560

1.Easter/ 復活祭 2. パラレルワールド 3. シーサイドスリーピング

『Right Now』
2016.1.6 KSCL-2649

1.Right Now 2.Eternal Sunshine/ 永遠の陽光（LIVE）3. 深呼吸（LIVE）4. Wonder Future/ ワンダーフューチャー（LIVE）

『Re:Re:』
2016.3.16 KSCL-2709

1.Re:Re: 2. タイムトラベラー

『崩壊アンプリファー』
2003.4.23 KSCL-542

1. 遥か彼方 2. 羅針盤 3. 粉雪 4. 青の歌 5. サンデイ 6.12

『君繋ファイブエム』
2003.11.19 KSCL-629

1. フラッシュバック 2. 未来の破片 3. 電波塔 4. アンダースタンド 5. 夏の日、残像 6. 無限グライダー 7. その訳を 8.N.G.S 9. 自閉探索 10.E 11. 君という花 12. ノーネーム

『ソルファ』
2004.10.20 KSCL-737

1. 振動覚 2. リライト 3. 君の街まで 4. マイワールド 5. 夜の向こう 6. ラストシーン 7. サイレン 8.Re:Re: 9.24時 10. 真夜中と真昼の夢 11. 海岸通り 12. ループ&ループ

『ファンクラブ』
2006.3.15 KSCL-945

1. 暗号のワルツ 2. ワールドアパート 3. ブラックアウト 4. 桜草 5. 路地裏のうさぎ 6. ブルートレイン 7. 真冬のダンス 8. バタフライ 9. センスレス 10. 月光 11. タイトロープ

『フィードバックファイル』
2006.10.25 KSCL-1050

1. エントランス 2. ロケットNo.4 3. 絵画教室 4. サイレン# 5. 夕暮れの紅 6. Hold me tight 7. ロードムービー 8. 飛べない魚 9. 堂々巡りの夜 10. 嘘とワンダーランド 11. 永遠に 12. 自閉探索（2004 SHIBUYA-AX） 13. フラッシュバック（2004国営ひたち海浜公園） 14. アンダースタンド（2004国営ひたち海浜公園） 15. N.G.S（2005 SHIBUYA-AX） 16. Re:Re:（2006横浜アリーナ）

『ワールド ワールド ワールド』
2008.3.5 KSCL-1210

1. ワールド ワールド ワールド 2. アフターダーク 3. 旅立つ君へ 4. ネオテニー 5. トラベログ 6. No.9 7. ナイトダイビング 8. ライカ 9. 惑星 10. 転がる岩、君に朝が降る 11. ワールド ワールド 12. 或る街の群青 13. 新しい世界

『未だ見ぬ明日に』
2008.6.11 KSCL-1250

1. 脈打つ生命 2. サイエンスフィクション 3. ムスタング 4. 深呼吸 5. 融雪 6. 未だ見ぬ明日に

『サーフ ブンガク カマクラ』
2008.11.5 KSCL-1310

1. 藤沢ルーザー 2. 鵠沼サーフ 3. 江ノ島エスカー 4. 腰越クライベイビー 5. 七里ヶ浜スカイウォーク 6. 稲村ヶ崎ジェーン 7. 極楽寺ハートブレイク 8. 長谷サンズ 9. 由比ヶ浜カイト 10. 鎌倉グッドバイ

『マジックディスク』
2010.6.23 KSCL-1612

1. 新世紀のラブソング 2. マジックディスク 3. 双子葉 4. さよならロストジェネレイション 5. 迷子犬と雨のビート 6. 青空と黒い猫 7. 架空生物のブルース 8. ラストダンスは悲しみを乗せて 9. マイクロフォン 10. ライジングサン 11. イエス 12. 橙 13. ソラニン

『BEST HIT AKG』
2012.1.18 KSCL-1917

1.遥か彼方 2.未来の破片 3.アンダースタンド 4.君という花 5.リライト 6.君の街まで 7.ループ&ループ 8.ブラックアウト 9.ブルートレイン 10.或る街の群青 11.アフタ↗

ーダーク 12.転がる岩、君に朝が降る 13.ムスタング 14.藤沢ルーザー 15.新世紀のラブソング 16.ソラニン 17.マーチングバンド

『ランドマーク』
2012.9.12 KSCL-2122

1.All right part2 2.N2 3.1.2.3.4.5.6. Baby 4.AとZ 5.大洋航路 6.バイシクルレース 7.それでは、また明日 8.1980 9.マシンガンと形容詞 10.レールロード 11.踵で

↙
愛を打ち鳴らせ 12.アネモネの咲く春に

『ザ・レコーディング
〜 ASIAN KUNG-FU GENERATION 〜 at NHK CR-509 Studio』
2013.9.11 KSCL-2302

1.遥か彼方 2.未来の破片 3.君という花 4.リライト 5.ブルートレイン 6.転がる岩、君↗

に朝が降る 7.ムスタング 8.藤沢ルーザー 9.新世紀のラブソング 10.夜を越えて 11.アネモネの咲く春に 12.今を生きて 13.Loser

『フィードバックファイル 2』
2014.2.26 KSCL-2372

1.ローリングストーン 2.スローダウン 3.十二進法の夕景 4.夏蝉 5.夜のコール 6.白に染めろ 7.ムスタング（mix for 芽衣子） 8.雨上がりの希望 9.ひかり 10.オールドスク↗

ール 11.リロードリロード 12.夜を越えて 13.冷蔵庫のろくでもないジョーク 14.ケモノノケモノ 15.今を生きて 16.迷子犬と雨のビート（2010 江東区立若洲公園） 17.アネモネの咲く春に（2012 東京国際フォーラム）

『Wonder Future』
2015.5.27 KSCL-2589

1.Easter/復活祭 2.Little Lennon/小さなレノン 3.Winner and Loser/勝者と敗者 4.Caterpillar/芋虫 5.Eternal Sunshine/永遠の陽光 6.Planet of the Apes/猿の惑星 7.Standard/スタンダード 8.Wonder Future/ワンダーフューチャー 9.Prisoner in a Frame/額の中の囚人 10.Signal on the Street/街頭のシグナル 11.Opera Glasses/オペラグラス

『ASIAN KUNG-FU GENERATION presents NANO-MUGEN COMPILATION』
2005.6.8 KSCL-827

ブラックアウト

『ASIAN KUNG-FU GENERATION presents NANO-MUGEN COMPILATION 2006』
2006.7.5 KSCL-998

十二進法の夕景

『ASIAN KUNG-FU GENERATION presents NANO-MUGEN COMPILATION 2008』
2008.7.9 KSCL-1256

夏蝉

『ASIAN KUNG-FU GENERATION presents NANO-MUGEN COMPILATION 2009』
2009.7.1 KSCL-1407

夜のコール

『ASIAN KUNG-FU GENERATION presents NANO-MUGEN COMPILATION 2011』
2011.6.29 KSCL-1840～KSCL-1841

All right part 2
ひかり

『ASIAN KUNG-FU GENERATION presents NANO-MUGEN COMPILATION 2012』
2012.6.27 KSCL-2056～KSCL-2057

夜を越えて

『ASIAN KUNG-FU GENERATION presents NANO-MUGEN COMPILATION 2013』
2013.6.5 KSCL-2246

Loser

『ASIAN KUNG-FU GENERATION presents NANO-MUGEN COMPILATION 2014』
2014.6.25 KSCL-2419

スタンダード

『映像作品集1巻』
2004.11.26 KSBL-5788

● VIDEOCLIPS 1. 遥か彼方 2. 未来の破片 3. 君という花 4. サイレン 5. サイレン*初公開!!! 6. ループ&ループ 7. リライト 8. 君の街まで
● extra ○夏のライヴ映像集 ○メイキング ○TV SPOT

『映像作品集2巻』
2005.4.20 KSBL-5806〜KSBL-5807

〈Disc1〉2004年12月5日 日本武道館 1. Opening 2. 振動覚 3. リライト 4. サンデイ 5. フラッシュバック 6. 未来の破片 7. 24時 8. Re:Re: 9. マイワールド 10. 夜の向こう 11. ラストシーン 12. 無限グライダー 13. サイレン 14. ループ&ループ 15. アンダースタンド 16. N.G.S 17. 遥か彼方 18. 羅針盤 19. 君という花 20. 海岸通り 21. 12 ↗ 22. Hold me tight 〈Disc2〉2004年11月2日 下北沢SHELTER 1. 振動覚 2. 君の街まで 3. エントランス 4. 海岸通り 2004年11月4日 関東学院大学 1. 君という花（監督：豊田利晃）

『映像作品集3巻 Tour 酔杯2006-2007 “The start of a new season”』
2007.3.21 KSBL-5843

1. センスレス 2. フラッシュバック 3. 未来の破片 4. サイレン 5. 無限グライダー 6. ブルートレイン 7. ブラックアウト 8. Re:Re: 9. 桜草 10. ワールドアパート 11. N.G.S 12. エントランス 13. 羅針盤 14. Hold me tight 15. ループ&ループ 16. アンダースタンド 17. 君という花 18. 海岸通り 19. 粉雪 20. 君の街まで 21. リライト 22. 月光

『映像作品集4巻』
2008.3.26 KSBL-5864

1. ブラックアウト 2. ブルートレイン 3. ワールドアパート 4. 十二進法の夕景 5. 或る街の群青 6. 絵画教室 7. アフターダーク 8. 転がる岩、君に朝が降る 9. ワールド ワールド ワールド 10. 新しい世界

『映像作品集5巻〜live archives 2008〜』
2009.3.25 KSBL-5880

1. ワールド ワールド ワールド 2. アフターダーク 3. サイエンスフィクション 4. 惑星 5. No.9 6. 君という花 7. 藤沢ルーザー 8. ループ&ループ 9. 転がる岩、君に朝が降る 10. 或る街の群青 11. トラベログ 12. 夏蝉 13. 新しい世界

『映像作品集6巻〜Tour 2009ワールド ワールド ワールド〜』
2009.10.7 KSBL-5886〜KSBL-5887

〈Disc1〉 1. ノーネーム 2. ムスタング 3. ネオテニー 4. ナイトダイビング 5. 無限グライダー 6. 深呼吸 7. Re:Re: 8. アンダースタンド 9. 夜の向こう 10. 君という花 11. ワールド ワールド 12. 真夜中と真昼の夢 13. 海岸通り 14. 夕暮れの紅 15. 永遠に 16. タイトロープ 〈Disc2〉 1. 藤沢ルーザ↗ー 2. 鵠沼サーフ 3. 江ノ島エスカー 4. 腰越クライベイビー 5. 七里ヶ浜スカイウォーク 6. 稲村ヶ崎ジェーン 7. 極楽寺ハートブレイク 8. 長谷サンズ 9. 由比ヶ浜カイト 10. 鎌倉グッドバイ 11. 君の街まで 12. N.G.S 13. リライト 14. 羅針盤 15. ワールド ワールド ワールド 16. 新しい世界

『映像作品集7巻』
2011.1.19 KSBL-5947

1. ムスタング 2. 夏蝉 3. 藤沢ルーザー 4. 夜のコール 5. 新世紀のラブソング 6. ソラニン 7. 迷子犬と雨のビート 8. マジックディスク 9. “夜のコール” メイキング 10. “ソラニン” メイキング 11. “迷子犬と雨のビート” メイキング 12. “マジックディスク” メイキング 13. ソラニン (Movie Version)

『映像作品集8巻 ～Tour 2012 ランドマーク～』

2013.3.13 KSBL-6021～KSBL-6022

〈Disc1〉 1.Loser 2.All right part2 3.N2 4.1.2.3.4.5.6. Baby 5.AとZ 6.新世紀のラブソング 7.大洋航路 8.ブルートレイン 9.Re:Re: 10.君という花 11.それでは、また明日 12.アフターダーク 13.ラストダンスは悲しみを乗せて 14.1980 15.マシンガンと形容詞 16.センスレス 17.レールロード 18.ノーネーム 19.踵で愛を打ち鳴らせ 20.バイシクルレース〈Disc2〉 1.マーチングバンド 2.リライト 3.ループ＆ループ 4.アネモネの咲く春に 5.夜をこえて 6.今を生きて

『映像作品集9巻　デビュー10周年記念ライブ 2013.9.14 ファン感謝祭』

2014.3.12 KSBL-6122～KSBL-6123

〈Disc1〉 1.未来の破片 2.エントランス 3.Hold me tight 4.電波塔 5.アンダースタンド 6.君の街まで 7.ブラックアウト 8.夏の日、残像 9.夜のコール 10.夏蝉 11.脈打つ生命 12.十二進法の夕景 13.未だ見ぬ明日に 14.橙 15.ループ&ループ 16.リライト 17.迷子犬と雨のビート 18.ワールド ワールド ワールド 19.新しい世界〈Disc2〉 1.絵画教室 2.それでは、また明日 3.転がる岩、君に朝が降る 4.ムスタング 5.羅針盤 6.或る街の群青 7.海岸通り 8.君という花 9.Re:Re: 10.ソラニン 11.ローリングストーン 12.遥か彼方

『映像作品集10巻　デビュー10周年記念ライブ 2013.9.15 オールスター感謝祭』

2014.3.12 KSBL-6124～KSBL-6125

〈Disc1〉 1.All right part2 2.アフターダーク 3.ブルートレイン 4.AとZ 5.新世紀のラブソング 6.ナイトダイビング 7.ラストダンスは悲しみを乗せて 8.1980 9.無限グライダー 10.KILLER TUNE 11. Getting By 12.Only in dreams 13.Insomnia 14.遥か彼方 15.Loser 16.マーチングバンド 17.踵で愛を打ち鳴らせ 18.今を生きて〈Disc2〉 1.ひかり 2.夜を越えて 3.転がる岩、君に朝が降る 4.嘘とワンダーランド 5.迷子犬と雨のビート 6.架空生物のブルース 7.さよならロストジェネレイション 8.センスレス 9.惑星 10.江ノ島エスカー 11.リライト 12.君という花 13.スローダウン 14.アネモネの咲く春に

『映像作品集11巻』
2016.1.6 KSBL-6201

1.All right part2 2.マーチングバンド 3.踵で愛を打ち鳴らせ 4.夜を越えて 5.それでは、また明日 6.バイシクルレース 7.今を生きて 8.Loser 9.ローリングストーン 10.スタンダード 11.Easter/復活祭 12.Planet of the Apes/猿の惑星 13.Opera Glasses/オペラグラス 14.All Right Part2 メイキング 15.踵で愛を打ち鳴らせ　メイキング 16.それでは、また明日　メイキング 17.今を生きて　メイキング 18.Planet of the Apes/猿の惑星　メイキング 19.Opera Glasses/オペラグラス　メイキング 20.ローリングストーン　Music Video（long ver.）

『映像作品集12巻
〜Tour 2015「Wonder Future」〜』
2016.3.16 KSBL-6209

1.Easter/復活祭 2.Little Lennon/小さなレノン 3.Winner and Loser/勝者と敗者 4.Caterpillar/芋虫 5.N2 6.センスレス 7.リライト 8.Planet of the Apes/猿の惑星 9.ナイトダイビング 10.Eternal Sunshine/永遠の陽光 11.或る街の群青 12.青空と黒い猫 13.Prisoner in a Frame/額の中の囚人 14.深呼吸 15.今を生きて 16.嘘とワンダーランド 17.シーサイドスリーピング 18.Signal on the Street/街頭のシグナル 19.新世紀のラブソング 20.ネオテニー 21.トラベログ 22.Standard/スタンダード 23.Wonder Future/ワンダーフューチャー 24.君の街まで 25.Re:Re: 26.遥か彼方 27.転がる岩、君に朝が降る 28.Opera Glasses/オペラグラス

※発売は全てキューンレコード

BIOGRAPHY

ASIAN KUNG-FU GENERATION

（アジアン・カンフー・ジェネレーション）

メンバーは、後藤正文（vo&g）、喜多建介（g&vo）、山田貴洋（b&vo）、伊地知潔（ds）。１９９６年大学の音楽サークルにて結成。'02年、インディーズ・レーベルから初の正式音源となるミニ・アルバム『崩壊アンプリファー』を発表。'03年4月、同作を異例の再リリースという形でメジャー・デビュー。同年11月、１stアルバム『君繋ファイブエム』を発表。'04年10月に発売した２ndアルバム『ソルファ』が、２週連続オリコン・チャート1位を記録。'06年3月、３rdアルバム『ファンクラブ』をリリース。この年のフジロックで、初の"GREEN STAGE"への出演を果たす。'08年3月4thアルバム『ワールド ワールド ワールド』をリリース。同年11月には、５thアルバム『サーフ ブンガク カマクラ』を発売。'09年には、初のホールツアーを開催する。'10年6月6thアルバム『マジックディスク』をリリース。同作を携え、9月から'11年2月までアジカン史上最多本数の70本となるツアーを展開。'11年7月には、恒例の『ASIAN KUNG-FU GENERATION presents NANO-MUGEN FES. 2011』を横浜アリーナで2日間にわたって開催する。'12年1月18日、アジカン初のベスト・アルバム『BEST HIT AKG』をリリース。'13年5月から6月、ロンドン、パリ、ケルンでヨーロッパ・ツアーを開催。９月スタジオ・ライブ・アルバム『ザ・レコーディング～ASIAN KUNG-FU GENERATION～at NHK CR-509 Studio』をリリース。9月14日、15日にデビュー10周年ライブを横浜スタジアムで開催。12月、TOKYO FM EARTH×HEART Project「ASIAN KUNG-FU GENERATION×STRAIGHTENER～10th Anniversary～ Asia Circuit」を、ソウル、シンガポール、台北で開催。'14年4月Gotch ソロ・アルバム『Can't Be Forever Young』をＬＰ+ＣＤでリリース。5月から6月まで『Gotch Tour 2014「Can't Be Forever Young」』開催（全10公演）。'15年5月8thアルバム『Wonder Future』リリース。7月から10月まで『ASIAN KUNG-FU GENERATION Tour 2015「Wonder Future」』開催（全30公演）。

11月、『ASIAN KUNG-FU GENERATION Tour2015「Wonder Future」-UK/Europe』をドイツ、イギリス、フランスで開催（全3公演）。同月、ラテンアメリカツアーライブをチリ、ブラジル、アルゼンチン、メキシコで開催（全4公演）。

書籍

●ASIAN KUNG-FU GENERATION

『夏、無限。』（２００４年ソニーマガジンズ刊）／『春か、遥か。』（２００７年ソニーマガジンズ刊）／『ASIAN KUNG-FU GENERATION FILE 2003-2010』（２０１０年トーキングロック刊）／『ジュウネン、キセキ』（２０１４年ソニーマガジンズ刊）

●後藤正文

『ゴッチ語録—GOTCH GO ROCK!—』（２００６年ぴあ刊）／『ゴッチ語録 A to Z』（２０１２年ぴあ刊）／『何度でもオールライトと歌え』（２０１６年ミシマ社刊）

www.asiankung-fu.com

後藤　正文（ごとう・まさふみ）

１９７６年、静岡県生まれ。ASIAN KUNG-FU GENERATION のボーカル＆ギターであり、楽曲の全ての作詞とほとんどの作曲を手がける。'10年に、レーベル「only in dreams」を発足。同時に同名のｗｅｂサイトもスタートさせる。音楽はもちろん、ブログや Twitter でも人気を集める。'11年11月には、後藤自らが編集長を務め、〝新しい時代のこと、これからの社会のこと。未来を考える新聞〟『THE FUTURE TIMES』を創刊させる。音楽のみならず社会とコミットした言動でも注目されている。

単行本スタッフ
編集　千葉明代
『ゴッチ語録』構成　土屋恵介　宮本英夫　町田由貴子
『ゴッチ語録AtoZ』取材・文　伊藤亜希　唐澤和也　森朋之
撮影　中川有紀子
協力　小川克久　大塚千弘（有限会社スペクトラム・マネージメント）福田聡　青柳安亮　大野裕子　藤江充夫（株式会社ソニー・ミュージックレーベルズ）

本書は、ぴあ株式会社より二〇〇六年三月に刊行された『ゴッチ語録―GOTCH GO ROCK!―』と、二〇一二年二月同社刊行の『ゴッチ語録A to Z』を合本にし、新原稿を追加、編集したものです。

ちくま文庫

ゴッチ語《ご》録《ろく》 決定版《けっていばん》
GOTCH GO ROCK!

二〇一六年五月十日 第一刷発行
二〇一六年六月五日 第二刷発行

著 者 後藤正文（ごとう・まさふみ）
発行者 山野浩一
発行所 株式会社 筑摩書房
東京都台東区蔵前二―五―三 〒一一一―八七五五
振替〇〇一六〇―八―四一二三

装幀者 安野光雅
印刷所 中央精版印刷株式会社
製本所 中央精版印刷株式会社

乱丁・落丁本の場合は、左記宛にご送付下さい。
送料小社負担でお取り替えいたします。
ご注文・お問い合わせも左記へお願いします。
筑摩書房サービスセンター
埼玉県さいたま市北区櫛引町二―六〇四 〒三三一―八五〇七
電話番号 〇四八―六五一―〇〇五三
© MASAFUMI GOTOH 2016 Printed in Japan
ISBN978-4-480-43351-0 C0195